Dr. E. Willil

Die Nester und Eier der
und den angrenzenden L
Vögel

SALZWASSER
VERLAG

Willibald, Dr. E.

Die Nester und Eier der in Deutschland und den angrenzenden Ländern brütenden Vögel

ISBN: 978-3-86195-650-1
Erscheinungsjahr: 2011
Erscheinungsort: Paderborn, Deutschland

Bei diesem Titel handelt es sich um den Nachdruck eines historischen, lange vergriffenen Buches aus dem C. F. Kutzscher, Luckow (1854). Da elektronische Druckvorlagen für diese Titel nicht existieren, musste auf alte Vorlagen zurückgegriffen werden. Hieraus zwangsläufig resultierende Qualitätsverluste bitten wir zu entschuldigen.

Dr. E. Willibald

Die Nester und Eier der in Deutschland und den angrenzenden Ländern brütenden Vögel

SALZWASSER VERLAG

Die
Nester und Eier

der

in Teutschland und den angrenzenden Ländern brütenden

Vögel.

In systematischer Folge beschrieben

und

durch 228 nach der Natur gefertigte Abbildungen erläutert,

sowie auch

mit den nöthigen Belehrungen über Anlage von Eier- und Nester-Sammlungen versehen

von

Dr. E. Willibald.

Luckau.

C. F. Kutzscher.

1854.

Einleitung.

Es ist ein sehr allgemein verbreiteter Trieb der Jugend, Sammlungen verschiedener Art anzulegen, und die Kenntniß der Naturwissenschaften wird für sie durch diesen Trieb außerordentlich gefördert. Andern Theils wird auch dadurch die Jugend auf eine nützliche und veredelnde Beschäftigung gelenkt, so daß sie frei bleibt von so manchen Unarten, welche sich bei unbeschäftigten jungen Leuten nur zu leicht einschleichen. Nichts veredelt Gemüth und Herz mehr, als die Beschäftigung mit der Natur, so wie nichts für das Leben nützlicher ist, als die Kenntniß der Natur. Ohne Sammlungen ist aber kein Theil der Naturwissenschaften gründlich zu erlernen, und auch aus diesem Grunde wird es wieder Aufgabe der Eltern und Erzieher sein, ihre Kinder oder Zöglinge zur Anlegung von Sammlungen anzuhalten. Wir setzen jedoch voraus, daß eine vernünftige Unterweisung die Mißbräuche zu verhüten suchen werde, die sich bei der Anlage naturwissenschaftlicher Sammlungen einschleichen können. Zunächst wird man durch Beibringung eines tief religiösen Gefühls die Jugend von Grausamkeiten jeder Art fern halten müssen. Der junge Sammler von Eiern und Nestern soll nie vergessen, daß die kleinsten

Vöglein zu ihren Jungen eine eben so warme, ja oft vielleicht noch wärmere Liebe fühlen, wie menschliche Eltern zu ihren Kindern. Er wird daher nie ein Nest zerstören, oder der ganzen Eier berauben, sondern sich mit einem derselben begnügen, und auch dieses eine zu einer Zeit aus dem Neste nehmen, wenn sich die Mutter noch nicht zum Brüten hingesetzt hat. Ein solches unbebrütetes Ei ist nicht nur leichter von seinem Inhalt zu befreien, was um der Aufbewahrung willen stets geschehen muß, sondern der alte Vogel wird auch in den meisten Fällen das geraubte Ei durch ein neues ersetzen, während er später, wenn er erst zu brüten begonnen hat, keine neuen Eier mehr nachlegt. Das Nest lasse man unbeschädigt, und will man dasselbe seiner Sammlung einverleiben, so warte man, bis die jungen Vögel ausgeflogen sind und nehme es dann behutsam auf die weiter unten zu lehrende Weise ab. Wünscht man mehre Eier von einer Art zu haben, um mit denselben einen Tausch zu treiben, so suche man lieber mehre Nester auf und nehme aus jedem derselben nur eins. Bei größern Vögeln kann man mehre Eier ausnehmen, und der alte Vogel wird dieselben nachlegen. Das völlige Zerstören der Nester ist eine Grausamkeit, die eben so gut gegen den Menschen gerichtet ist, wie gegen die Vögel selbst. Durch die Verminderung der befiederten Sänger veröden die Fluren und nehmen zugleich die Insekten und nachtheiliges Gewürm überhand.

Ferner hat man den jungen Sammler aufmerksam auf den Umstand zu machen, daß die Sammlungen nicht Zweck, sondern nur Mittel zum Zweck sind. Er mag und soll die Stunden seiner Erholung zur Anlage naturwissenschaftlicher

Sammlungen verwenden, um durch diese seine Kenntnisse zu erweitern und auch bei der Erholung stets das Nützliche in den Augen zu behalten, nie aber das Sammeln zu seiner ausschließlichen Beschäftigung machen. Nur zu häufig entwickelt sich die Sucht des Sammelns, welche den Gedanken an alle andern Dinge unmöglich macht und den Geist nach einer einzigen Richtung hinleitet. Jede Einseitigkeit aber ist von den nachtheiligsten Folgen für das moralische und materielle Glück und muß daher durch eine vernünftig geregelte Erziehung vermieden werden.

Nachdem wir diese wenigen Worte über die Anlage von Sammlungen im Allgemeinen gesagt haben, gehen wir auf unsern besondern Gegenstand über, nemlich auf die Eier und Nester und deren Einsammlung.

Alle Vögel pflanzen sich dadurch fort, daß der weibliche Vogel Eier legt, welche er durch die Wärme seines Körpers so lange erhitzt (bebrütet), bis sich der junge Vogel entwickelt hat und ausschlüpfen kann. Da indeß der Vogel nicht beständig auf seinem Neste sitzen bleiben kann, sondern bisweilen hinwegfliegen muß, um Hunger oder Durst zu befriedigen, so ist nicht nur das Ei selbst so eingerichtet, daß es die Wärme lange behält, sondern es liegt auch in einem Neste, welches in den meisten Fällen sorgfältig gegen Abkühlung geschützt ist. Schon das Eiweiß verhindert die schnelle Entweichung der Wärme, indem es den Keim des kleinen Vögelchens umgiebt, und das Nest ist bei vielen Vögeln, namentlich bei denen des Nordens, außerordentlich gegen die Kälte gesichert.

Hinsichtlich des Baues der Nester verrathen die meisten Vögel eine große Kunstfertigkeit. In der Regel ist Männchen und Weibchen bei der Herstellung derselben thätig, und es erfordert diese meist eine Zeit von 8 bis 14 Tagen. Hinsichtlich der Oertlichkeit, so findet man die Nester da, wo die Vögel selbst am liebsten weilen. Manche Vögel lieben das Freie, andere das Dickicht, viele halten sich an die Erde, andere an die Höhe; die Mannichfaltigkeit aber, welche in dieser Hinsicht unter den Vögeln herrscht, ist so groß, daß man überall im Freien brütende Vögel treffen kann: auf der Erde, im Gebüsch, auf Bäumen, in den Höhlen derselben, zwischen Getreide, unter Steinen, Ufern, Rasen, Wegrändern, an Gräben und auf Wegen, im Rohr, in Wurzelgestrüpp und Erdlöchern, in Mauer- und Felsenlöchern, unter Brücken, in Steinbrüchen, in Gebäuden aller Art 2c. Raubvögel, welche die Nachstellung der Menschen zu befürchten haben und zugleich von ihrem Nest (Horst) aus die Gegend nach Beute durchspähen, nisten auf hohen unzugänglichen Felsspitzen oder Baumgipfeln, während die beliebte Nachtigall in Gebüschen, dicht an der Erde und in der Nähe der Menschen ihr Nest erbauet. Sumpfvögel nisten im Schilf und Wasservögel am Ufer, auf Klippen, unter niedrigen Gebüschen oder in hohen Uferpflanzen. Unter den Vögeln, welche in Höhlungen oder auf der Erde brüten, gibt es manche, die ihr Nest sehr kunstlos machen, auch wohl die Eier ohne weitere Unterlage in eine Vertiefung legen. Der Kuckuck baut sogar nicht einmal ein Nest, sondern legt seine Eier in die Nester kleinerer Vögel, welche die Jungen ausbrüten und auffüttern müssen.

Die Stoffe, aus welchen die Nester gefertigt werden, sind

eben so verschieden, und gröber oder feiner, je nach der Größe der Vögel. Die Raubvögel tragen die Reiser und andere Gegenstände in den Klauen nach ihrem Neste, während kleinere Vögel Grashalme, Federn ꝛc. im Schnabel herbeitragen. Häufig hat das Aeußere des Nestes die Farbe seiner Umgebung, damit es weniger leicht in das Auge falle und den Feinden besser entgehe. Im Innern sind die Nester gewöhnlich mit weichen und warmen Stoffen, als Federn, Hare, Wolle ꝛc. ausgepolstert. Rebhühner, Lerchen, Schnepfen, Trappen scharren in die Erde ein rundes halbkugelförmiges Loch und belegen die Oberfläche mit Reisern und Grashalmen; Spechte, Meisen, Sperlinge, Rothschwänzchen, Dohlen verfertigen ein einfaches Nest in hohlen Bäumen, Mauerspalten und unter Dachziegeln; Finken bringen das Nest in den Winkeln der Baumzweige an und füttern es mit Wolle, Haaren und Moos aus. Die Hausschwalbe baut an Wänden unter einem schützenden Vorsprung ein halbkugeliges mit einer Oeffnung versehenes Nest aus Erde, Halmen und einem ihr eigenthümlichen Schleim so fest, daß es nur mit Mühe wieder rein abzubrechen ist. Amseln, Drosseln und andere Vögel, die schon früh im Jahre nisten, kleben die Nester mit einer Lehmschicht aus, um sie wärmer zu machen. Beutelmeisen, Pirole, Kernbeißer weben an dünnen Zweigen aus Fäden ein beutelförmiges, herabhangendes Nest und füttern es weich aus. Der Zaunkönig giebt seinem Neste die Gestalt eines Backofens, die Elster macht es kugelförmig, Tauben, Adler und Störche bauen es flach ꝛc. Die Größe des Nestes steht ziemlich im Verhältniß zu der Körpergröße des brütenden Vogels, erleidet aber ebenfalls nach der Oertlichkeit manche Abweichungen.

In das Nest legen also die Vögel ihre Eier, welche nach Gestalt, Größe, Farbe und Anzahl sehr verschieden sind. Bei manchen Vögeln war es die Absicht der Vorsehung, sie in hinreichender Menge für das Bedürfniß des Menschen und anderer Thiere zu erzeugen, daher sie auch viele Eier legen. Die meisten Eier legen die hühnerartigen Vögel. Wird das Haushuhn nicht vom Brüten abgehalten, so begnügt es sich mit 10—15 Eiern, nimmt man ihm aber dieselben immer hinweg, so legt es jährlich bei guter Pflege wohl ein Schock und noch mehre Eier. An die hühnerartigen Vögel schließen sich die Enten und die Meisen an, welche letztere unter den kleinern Vögeln die fruchtbarsten sind. Die Tauben legen zwar gewöhnlich nur 2, selten 3 Eier, wiederholen aber das Eierlegen 6 bis 10 Mal jährlich. Dagegen legen Gänse nur einmal im Jahre, und zwar zu Anfang des Frühjahrs, 10—12 Eier. Dem Eidervogel kann man zwei Mal seine Eier und die weichen Daunen nehmen, mit denen er sein Nest ausfüttert, wiederholt man aber das Ausnehmen zum dritten Male, so sind seine Kräfte erschöpft und er legt in dem laufenden Jahre nicht wieder. Auch mehre kleine Vögelarten nisten mehr als ein Mal im Jahre, besonders wenn das erste Nest durch einen Zufall nebst den Eiern zerstört ist. Die wenigsten Eier werden von den eigentlichen Seevögeln und den Raubvögeln gelegt, namentlich legen letztere selten über 3 Eier. Bei vielen Wasservögeln, fast allen Sumpf- und einigen finkenartigen Vögeln beträgt die Durchschnittssumme 3 bis 4. Große Adler, Falken und Geier legen jährlich 1 oder 2 Eier, Möven und Weihen 3, Raben und Krähen 3 oder 4, Schwalben 5 bis 6, Rebhühner und Wachteln 8 bis 16 Eier. Oft richtet sich die Anzahl der Eier nach den früheren oder spätern Bruten: die ersten Bruten enthalten stets die meisten Eier, während die folgenden deren stets weniger enthalten.

Die Größe der Eier richtet sich nicht stets genau nach der Größe des Vogels, von welchem sie gelegt sind. Die Eier der Wachteln und Tauben sind fast von gleicher Größe, das eines Kuckucks ist nicht viel größer, als das der weit kleinern Lerche. Die Eier der Sumpfvögel sind verhältnißmäßig größer, als die der Landvögel. Aeltere Vögel legen meist größere Eier, als kleinere derselben Gattung, aber auch die Eier eines und desselben Vogels haben in einer und derselben Brut nicht immer einerlei Größe. Unter den teutschen Vögeln legen die Goldhähnchen, die Zaunkönige, die Baumläufer und Meisen die kleinsten Eier. Im Verhältniß zu der Körpergröße der Vögel sind die Eier der Eulen, einiger Falken und der Reiher sehr klein. Durch Größe zeichnen sich dagegen die Eier der Strandläufer und der Regenpfeifer aus.

Eben so verschieden ist die Gestalt der Eier. Einige Vögel legen kugelrunde, andere länglichrunde oder auch nach einer oder nach beiden Seiten zugespitzte Eier. Am seltensten kommt das kugelrunde Ei vor; es lassen sich jedoch zwei Hauptverschiedenheiten aufstellen, welche von dem größten Durchmesser des Eies abhängen: befindet sich nämlich dieser in der Mitte und sind von dieser aus beide Enden gleich abgerundet oder zugespitzt, so ist dieses die regelmäßige Eiform, die unregelmäßige aber, wenn der größte Durchmesser über die Mitte mehr oder weniger nach dem stumpfen Ende gerückt ist. Länglich nennt man ein Ei, dessen Breite weniger, als zwei Drittel seiner Länge beträgt; beträgt dieselbe mehr als zwei Drittel, so heißt ein solches Ei bauchig. Die bauchigen Eier findet man bei vielen Raubvögeln, die sehr spitzigen besonders bei Sumpf- und Wasservögeln. Am häufigsten sind die Eier mit einem stumpfen und einem mäßig verschmälerten Ende, und in der Regel legen Vögel von gleicher Gattung Eier, die ihrer Gestalt nach entweder gleich, oder doch einander sehr ähnlich sind. Die Ausnahmen von dieser Regel werden in dem Haupttheile des Buches mitgetheilt werden. Häufige Verschiedenheiten trifft man bei den Eiern der Haushühner an, von denen manche mehr rund, manche mehr länglich sind. Der allgemeinen Annahme zufolge erscheinen aus den länglichen Eiern männliche, aus den runden weibliche Küchlein.

Das Ei besteht aus der äußern Schale, dem unter dieser liegenden Häutchen, dem Eiweiß und der Dotter. Sowohl Eiweiß, wie auch Dotter, sind wieder von besondern feinen Häutchen umgeben. Am bekanntesten ist das Häutchen, welches die Dotter umgiebt, weil nach dessen Zerreißung die Dotter ausfließt.

Die äußere kalkige Schale des Eies scheint dicht zu sein, hat aber eine Menge von Poren, durch welche die Feuchtigkeit aus dem Ei verdampfen, die Luft aber Zutritt zu dem kleinen Vogel erhalten kann, welcher sich in dem Ei entwickelt. Das Verderben der Eier, welche man zum Genuß aufheben will, beruht namentlich auf der Verdunstung, welche durch die Poren der Schale vor sich geht. Daher überzieht man Hühnereier, die lange aufgehoben werden sollen, mit Wachs oder Talg, übergießt sie mit Kalkwasser, oder legt sie auch nur einfach in Asche, Salz, Sand oder zerfallenen Kalk. Die Bestandtheile der Schale sind kohlensaurer und phosphorsaurer Kalk, phosphorsaure Magnesia, Schwefel, Spuren von Eisen und thierischer Schleim. Hauptbestandtheil ist der kohlensaure Kalk. Daher müssen Vögel, welche viele Eier legen, bisweilen Kalksteinchen verschlucken. Hühner, die viel Eier legen und nicht Gelegenheit haben, hinreichend Kalk zu fressen, legen gern die sogenannten Windeier, denen die äußere harte Schale fehlt. Man thut wohl, den Hühnern die Schalen der in der Wirthschaft verbrauchten Eier deshalb zu geben, muß aber dieselben vorher zerstoßen, weil sich sonst die Hühner gern das Auffressen der ganzen Eier im Neste angewöhnen.

Zwischen der harten Schale und dem Eiweiß befindet sich eine weiche Haut, welche zum größten Theil an die kalkige Schale angewachsen ist. Nur am stumpfen Ende des Eies befindet sich zwischen der Schale und Haut ein leerer Raum, welcher der Luftsack heißt und anfänglich nicht größer, als ein Stecknadelknopf ist, während des Bebrütens aber an Ausdehnung gewinnt, so wie auch beim Hartkochen der Eier größer wird. Dieser leere Raum enthält atmosphärische Luft, die sich später mit etwas Kohlensäure verbindet und die Oxydation des Blutes bei den entstehenden Vögelchen vermittelt. Dieser Luftsack ist bei den Vögeln, welche gleich, nachdem sie die Schale verlassen haben, umhergehen, wie bei den Hühnern und Wasservögeln der Fall ist, viel größer, als bei denen, die blind und unbehilflich aus dem Ei kommen. Eier, welche ohne diese und ohne die kalkige Schale gelegt werden, heißen Fließeier, und erscheinen bisweilen bei zu fetter Nahrung der Hühner. Chemisch verhält sich dieses Häutchen eben so, wie geronnener Eiweißstoff.

Das Eiweiß ist völlig geschmack- und geruchlos und bildet eine zähe schleimige Substanz. Es erhält erst einigen Geschmack, wenn man es in Säuren, Weingeist oder siedendem Wasser gerinnen läßt. Chemisch besteht es aus Eiweißstoff, Speichelstoff, schwefelsauren und phosphorsauren Salzen, Wasser, Kali und Benzoësäure. Nach Couerbe ist auch noch eine häutige, netzartige Substanz in demselben enthalten, welche Oonin genannt wird und sich bei längerem Hinstellen des Eiweißes in einer Temperatur unter dem Frostpunkte allmählig ausscheidet, vielleicht auch dazu dient, Zellen für das flüssige Eiweiß zu bilden. Eigentlich sind zwei Eiweißlagen vorhanden, welche das Eiweiß in zwei Hälften theilen, die hinsichtlich ihrer Substanz einige Verschiedenheiten zeigen. Schon beim Austrinken der Eier bemerkt man, daß in jedem Ei ein zäheres und ein flüssigeres Eiweiß enthalten ist. Der eigentliche Eiweißstoff ist eine eigenthümliche stickstoffhaltige Substanz, die auch in dem Blutwasser der Thiere und in den Pflanzensäften enthalten ist, und sich besonders durch die Eigenschaft charakterisirt, daß sie in der Hitze, schon bei 50° R., gerinnt und dadurch ihre Auflöslichkeit in Wasser verliert. Von dieser Eigenschaft hängt die bekannte Kraft des Eiweißes und des Blutes ab, Flüssigkeiten durch Erhitzung zu klären, indem das Eiweiß bei seinem Gerinnen die Unreinigkeiten umhüllt und auf die Oberfläche der zu klärenden Flüssigkeiten mit sich nimmt. Der stinkende Geruch, den die Eier beim Faulen annehmen, rührt von dem Schwefel her, welchen das Eiweiß, so wie auch die Dotter enthält. Bisweilen kommen Eier vor, die ganz mit Eiweiß, oder auch ganz mit Dotter ohne Eiweiß gefüllt sind; man nennt solche Eier Hexeneier.

Die Dotter (auch der Dotter oder das Dotter) schmeckt ölig und sanft, besteht aus Wasser, Öl, Eiweißstoff und Schleim, wird durch Kochen fest und körnig und liefert in diesem Zustande ein feuerbeständiges Öl, welches in Schwefeläther auflöslich ist. Auf der einen Seite der Dotter befindet sich ein kleiner weißer Kreis, die Narbe oder das Köpfchen, mit einer kleinen aschgrauen Hülle in der Mitte, unter welcher der erste Keim zum jungen Thiere, wie der Keim im Samenkorn der Pflanze befindlich ist. Die dem Keime entgegengesetzte Seite ist die schwerste und strebt daher nach unten, während der Keim nach oben kommt und daher beim Bebrüten dem höchsten Wärmegrad ausgesetzt ist. Daß die Dotter von einem feinen Häutchen umgeben ist, wurde schon oben gesagt. Dieses Häutchen läuft gegen die Enden des Eies in Verlängerungen aus, welche Dotterschnüre heißen und die Dotter in ihrer Lage erhalten.

Die Farbe der Eier ist sowohl im Innern, als im Aeußern, sehr verschieden. Jede Vogelart hat eine eigenthümliche Farbe der kalkigen Außenseite der Eier, so wie diese bald glatt, bald rauh erscheint. Manche Eierschalen haben einen starken Glanz, so daß sie wie polirt aussehen, während andere eine matte Farbe haben; bisweilen ist die Farbe völlig weiß oder hellfarbig, bisweilen grünlich, röthlich, bräunlich, dunkelfarbig oder mehrfarbig mit dunkeln oder schwärzlichen Punkten, Strichen, geraden, gekrümmten, wellenförmigen, ringartigen Zeichnungen auf einem hellern Grunde. Man kann im Allgemeinen annehmen, daß die weißen Eier eine stärkere Schale haben, als die gefärbten, und allemal ist die Schale weich und nachgiebig, so lange das Ei noch nicht gelegt ist, wird aber an der Luft hart und zerbrechlich. Hinsichtlich des Innern, so ist bei den meisten Eiern das Eiweiß schneeweiß und die Dotter hochgelb, doch kommen auch solche Eier vor, welche ein grünliches oder ein gelbliches Eiweiß, eine blaßgelbe oder sehr dunkelgelbe Dotter haben, was an gesottenen Eiern am deutlichsten zu erkennen ist. Selbst bei einer und derselben Vogelart bleibt die Farbe der Dottern nicht immer gleich. Hühner, welche viel grüne Kräuter fressen, besonders viel Gras auf freien Plätzen, legen Eier mit dunkelgelber Dotter, während Eier der Hühner, welche nur trocknes Futter auf eingeschlossenen Höfen fressen, eine sehr blaßgelbe Dotter haben.

Durch Bebrütung der Eier entwickelt sich in ihnen der junge Vogel. Eier, welche während des Brütens völlig erkalten, werden faul, deshalb deckt sie das Weibchen, wenn es das Nest zum Aufsuchen der Nahrungsmittel verlassen muß, mit Federn, Moos oder Wolle zu, um die Brutwärme von 32° R. zusammen zu halten, wählt auch dazu die warmen Mittagsstunden aus. Zu jeder andern Zeit, besonders bei naßkaltem Wetter, zögert es so lange als möglich, ehe es das Nest verläßt, so daß man es oft mit Händen ergreifen kann. Doch verstatten viele brütende Vögelarten keine große Annäherung und selbst furchtsame Vögel zeigen bei Vertheidigung des Nestes großen Muth. Die Taube sucht durch Schlagen der Flügel, die Henne durch einen Sprung ins Gesicht und Krallen in die Augen den nahenden Feind zu verscheuchen.

Bei vielen Vögelarten lösen sich Männchen und Weibchen im Geschäfte des Brütens ab. So machen es z. B. die Tauben, Sperlinge und verschiedene Singvögel. Auch bringt der Hahn dem brütenden Weibchen Nahrungsmittel, damit es nicht nöthig hat, das Nest zu verlassen, z. B. der Kanarienvogel. Das Brüten dauert nach der Größe des Vogels und der Eier längere oder kürzere Zeit. In 13 bis 14 Tagen haben kleine Vögel, in 16 bis 19 Tagen die Tauben, in 3 Wochen das Haushuhn, in 3½ Woche Reiher und Störche, in 4 Wochen Enten, Gänse, Kraniche und viele Wasservögel, in 5 Wochen Schwäne, in 6 Wochen der Strauß das Brüten vollendet und die Jungen ausgebracht. Heißes Wetter kürzt die Brütezeit um einige Zeit ab und naßkaltes verlängert sie. Schon nach den ersten 24 Stunden des Brütens zeigt sich im Hühnerei die erste Lebensspur des jungen Küchleins, am 6ten Tage fängt es an sich zu bewegen und am 16ten zu athmen. Hat es im Ei die Dotter und das Eiweiß aufgezehrt, so pickt es in dem einen Ende eine Oeffnung in die Kalkschale und schlüpft heraus.

Die Jungen vieler Vögelarten, wie der Singvögel, Meisen, Raben, Drosseln, Häher, Falken, Geier, Papageien, Spechte 2c. kommen nackt und blind aus dem Ei; bei andern z. B. den Hühnern, Enten, Gänsen, Reihern, Trappen, Straußen 2c. sind sie mit einem haarigen Flaum umhüllt, können sehen und der Mutter sogleich folgen. Zum Ausbrüten der Eier ist übrigens die mütterliche Brutwärme nicht allein nothwendig, sondern man kann sie auch durch künstliche Wärme ersetzen, die jedoch möglichst gleichförmig bleiben und wenig von 32° R. abweichen darf.

Will man eine Eier- und Nestersammlung anlegen, so ist zunächst dabei nöthig, daß man sich hinsichtlich des Ursprungs der Eier und Nester nicht auf die Angabe der Landleute, Hirten, Jägerburschen 2c. verlasse, von denen man sich dieselben zutragen läßt. Dann hat man ferner das zur Aufbewahrung der Eier Nöthige zu thun. Zu diesem Zweck muß man dieselben zunächst ihres Inhaltes befreien, mögen dieselben frisch oder bebrütet sein. Man macht nemlich mit einer sehr spitzen Nadel an jedem Ende ein kleines Loch, welches am breitern Ende breiter gemacht wird, als an dem schmalern. Durch die kleine Oeffnung bläst man nun hinein und bläst so den Inhalt durch das größere Loch hinaus. Bei zarten Eiern ist eine große Vorsicht nöthig, weil sie nicht nur von dem Druck der Finger, sondern auch von dem Blasen sehr leicht entzwei gehen. Da sich das zähe Eiweiß und das Häutchen, welches die Dotter umschließt, bisweilen dem Ausblasen widersetzen, so kann man auch mit einer feinen und langen Nadel den Inhalt zuvor zerrühren. Sind die Eier ganz frisch, so reicht eine einzige Oeffnung hin, durch welche man den umgerührten Inhalt aussaugt. Bei größern und festern Eiern ist die Entleerung mit keiner Schwierigkeit verbunden. Sollte aber in dem Ei ein bereits entwickelter Vogel sein, so bricht man vorsichtig an dem stumpfen Ende ein Stück der Schale ab, füllt das Ei nach der Ausleerung mit Wachs und setzt alsdann das abgebrochene Stück wieder auf.

Nach dem Ausleeren der Eier spült man sie mit lauwarmem Wasser aus, legt sie auf einige Bogen Löschpapier und trocknet sie im Schatten. Um die Eier mehr gegen das Zerbrechen zu schützen, füllt man sie mit feinem Sand und verklebt alsdann die Oeffnungen mit weichem Wachs, was bei leicht zerbrechlichen Eiern mit großer Vorsicht geschehen muß, am besten mit einem feinen Pinsel, den man in das geschmolzene Wachs taucht.

Weiße Eier kann man aufbewahren, ohne sie zu öffnen, indem man sie hart siedet; Dotter und Eiweiß werden dadurch mit der Zeit zu einer steinharten Masse. Zart gefärbte Eier verlieren jedoch durch das Sieden ihre Farben, so wie auch, wenn man sie dem Sonnenlichte aussetzt.

Um die Eier gut zu erhalten, hebt man sie in Schränken oder Schubladen gegen das Licht geschützt auf. An erstern streicht man die Fächer königsblau an; letztern überzieht man inwendig mit königsblauem Papier. Zum Schutz gegen Insekten legt man in Cajeputöl getauchte Stückchen Badeschwamm mit hinein. Man befestigt die Eier auf länglich geschnittene Stückchen Pappe mit dünnem Gummi, wenn man sie in Schubladen aufhebt, oder setzt sie in Becher, wenn die Aufbewahrung in Schränken geschieht. Solche Becher sind gewöhnlich von Lindenholz gedreht, schwarz gebeizt, polirt und von verschiedenen Größen. Jedes Ei wird mit dem dicken Ende aufgesetzt. Soll nicht viel angewandt werden, so setzt man die Eier in Schachteln oder Kasten, die mit einem feinen Sande gefüllt sind.

Eine der schönsten und sichersten Aufbewahrungsweisen ist die folgende: Man läßt sich ein Glaspult mit geradem Boden und geneigtem Deckel machen. Letzterer muß genau schließen, darf nur aus einem schmalen Rahmen, sonst aber aus Glas bestehen, welches durch einen hölzernen mit Charnieren angebrachten Deckel wieder verschlossen werden kann. Dieser Deckel muß genau in die Versenkung des Glasrahmens passen, damit er mit diesem in einer Fläche liegt. Der innere Raum des Kastens muß weiß sein, und die Eier werden darin nach Gattungen und Spielarten in schwarzen Kapseln von

Pappe aufbewahrt. Die Größe dieser Kapseln richtet sich nach den größten Eiern; mit zwei Sorten reicht man vollkommen aus und die zweite Sorte muß an Breite und Länge die Hälfte der ersten ausmachen, aber so hoch wie diese sein. Am Vorderrande jeder Kapsel ist ein flacher Streifen aufgeklebt, auf welchem das Ei benannt ist. Die Tiefe einer Kapsel kann 3 Linien betragen. Der Kasten wird an einen trocknen Ort gestellt, wo weder Feuchtigkeit, noch Staub, Rauch und Sonnenlicht einwirken kann, wogegen er zum Theil auch schon durch seine Einrichtung geschützt ist.

Einen schönen Anblick gewährt eine Eiersammlung, deren Exemplare von blauen Glasbechern getragen werden. Solche Glasbecher kann man in jeder Glashütte nach Modellen aus Lindenholz oder Thon fertigen lassen.

Die Nester, welche man aufheben will, trockne man vor dem Aufstellen mit allen ihren Umgebungen, z. B. den daran befestigten Zweigen, Rinden, Schilfarten 2c. in einem Backofen, um alle Insecten zu tödten, und stelle sie dann mit Nummern und Namen versehen in einen Glasschrank. Um die Nester unversehrt zu erhalten, wird man sie in den meisten Fällen mit den Aesten oder Zweigen absägen müssen, auf denen sie von den Vögeln befestigt sind. Besonders vermeide man jedes unnöthige Betasten, wodurch sie bald unscheinbar werden und ihre Form verlieren. Besonders gut nimmt sich eine Nestersammlung mit den darin befindlichen Eiern aus, auch kann man die Vögel selbst ausgestopft dabei setzen, denen sie angehören.

Erste Ordnung.

Raubvögel.

Meist große und starke Vögel, welche ihr Nest (Horst) ohne große Kunst auf hohen Orten, auf Thürmen, Mauern, Felsen oder Bäumen erbauen.

Erste Familie. **Tages-Raubvögel.**
(Raptatores diurni.)

Man unterscheidet sie in die Gattungen der Greife, von denen aber in Teutschland nicht leicht welche vorkommen, der Geier und Falken. Sie leben paarweise und legen meist 2 bis 4 gefleckte Eier.

1. Der schmutzige Aasgeier.

Aas-, Erd-, weißer, ägyptischer Geier, Cathartes percnopterus. Er bewohnt außer Asien und Afrika auch das südliche Europa, bis in die Schweiz. Der Horst ist in den Klüften steiler Felsenwände, und es sind die 3 oder 4 Eier noch nicht hinreichend bekannt.

2. Der graue Geier.

Vultur cinereus. Er kommt, so wie der schwarze Geier, V. niger, selten nach Teutschland, und ist hinsichtlich der Fortpflanzung noch nichts bekannt.

3. Der röthliche Geier.

Hasengeier, weißköpfiger Geier, Vultur fulvus. Lebt in Asien und Afrika, selten im südlichen Europa und auf den Alpengebirgen, verfliegt sich nur zuweilen nach Teutschland und horstet auf Felsen oder Bäumen. Das Nest ist flach und das Ei, meist nur 1, grauweiß, etwas ins Grüne ziehend, mit deutlichen Poren und Furchen besetzt und an Größe und Form einem kleinen Schwanenei gleich. S. Fig. 1.

4. Der Bartgeier-Adler.

Bärtiger Geieradler, Lämmeradler, Gypaëtos barbatus. Er lebt sehr einzeln auf den hohen Alpengebirgen Europas, auf den Schweizer und Tyroler Alpen, ist jedoch jetzt fast oder ganz ausgerottet, oder doch nur noch tief in den Schweizer Alpen anzutreffen, wo er auf den Vorsprüngen steiler und schwer zu erreichender Felswände horstet. Beim Horste greift er selbst erwachsene Menschen mit Glück an. Die Unterlage des Horstes bilden starke Aeste, Stroh und Grashalme, darüber liegen zartere Reiser, Moos und Heu. Das Weibchen legt im März, selten erst im April, 2 bis 3 Eier, die an einem Ende mehr zugespitzt sind, als bei den Raubvogeleiern sonst der Fall zu sein pflegt. Die Schale ist wegen der tiefen Poren rauh, von Farbe schmutzigweiß, mit einigen schwachbraunen Flecken; die Größe und Dicke übertrifft die des Schwaneneies.

5. Der teutsche Seeadler.

Fischadler, **Falco albicilla.** Er bewohnt die Ufer der Ostsee und streicht im Winter durch Teutschland. Er horstet auf Felsen und Bäumen, baut ein sehr großes Nest und legt 2 bis 3 Eier, welche weiß oder blaßblaugrün, häufig fleckenlos oder mit einzelnen halberloschenen bräunlich-weißfarbenen Flecken besetzt sind. S. Fig. 2.

6. Der nordische Seeadler.

Falco borealis. Lebt auf der skandinavischen Halbinsel an den Seeküsten und Seen, streicht im Winter durch Teutschland; horstet auf Felsen und Bäumen und legt 2 rauhschalige weiße Eier.

7. Der Meeradler.

Weißköpfiger Fischadler, **Falco leucocephalus.** Er bewohnt Nordamerika, verirrt sich selten nach Europa und noch seltener nach Teutschland. Nach Einigen nistet er im hohen Norden von Europa, wo er auf steilen Felsen aus Reisern, Pflanzenstengeln, Tangen, Moos und Gräsern sein Nest baut und im Mai 2 weißliche Eier legt, welche den gefleckten Eiern des teutschen Seeadlers bis auf die geringere Größe gleichen.

8. Der Steinadler.

Falco fulvus. Wohnt im Norden von Asien, Amerika und Europa, bei uns im nördlichen Teutschland. Er lebt in gebirgigen Hochwaldungen und legt in einen großen, aus Baumzweigen, Binsen, Reisern, Gräsern und Moos verfertigten, 4 Fuß im Durchmesser haltenden, Horst in weiten Felsspalten, auf den höchsten Kiefern oder Eichen, im März oder April 2 bis 4 weiße, grauliche, graugrüne, oder blaßblaugrüne Eier, mit röthlichen und rothbraunen, meist in die Länge gezogenen Flecken, welche bald verwaschen, bald scharf begrenzt, am stumpfen Ende oft größer, stärker und zahlreicher sind. Oft fehlen die Flecken auch gänzlich und statt derselben finden sich nur etliche Striche. S. Fig. 3.

9. Der Goldadler.

Königsadler, Falco imperialis, Aquila chrysaëtos. Er bewohnt das östliche und südöstliche Europa, die Küste von Nordafrika und kommt selten nach Teutschland. Er legt in das aus Baumzweigen verfertigte, in Gebirgswäldern auf sehr hohen Bäumen angelegte, oder auf Felsen und in deren Spalten gestellte Nest 2 bis 3 graugrünliche, oder grünlich grauweiße, fleckenlose Eier, welche hinsichtlich ihrer Größe in der Mitte zwischen den Eiern des Fischadlers und des kurzzehigen Adlers (s. u.) stehen. S. Fig. 4.

10. Der Schreiadler.

Falco naevius. Nistet gern in großen, in der Nähe des Wassers liegenden Waldungen des südlichen, nordöstlichen und gemäßigten Europa, und kommt selten nach Mittel- und Südteutschland. Horstet auf hohen Bäumen und legt 2 bis 3 weiße, mit schmalen, länglichen röthlichen Flecken spärlich besetzte Eier, welche den gefleckten Eiern des teutschen Seeadlers gleichen, denen sie an Größe nicht nachstehen.

11. Der Flußadler.

Fischadler, Falco haliaëtos. Er lebt in den großen zusammenhängenden Gebirgswäldern des südlichen und gemäßigten Europa, und wahrscheinlich nördlich, oder nordöstlich von Teutschland, in der Nähe von fischreichen Gewässern. Das Nest ist groß und flach, steht auf den höchsten Gipfeln alter Bäume und besteht aus dürren Aesten und Rasenstücken und hat einen, von den Ueberbleibseln der von dem Vogel verzehrten Fische herrührenden Fischgeruch. Die 2 bis 4 Eier sind kalkweiß oder angenehm blaugrün, mit mehr oder weniger zahlreichen großen und kleinen braunen, etwas verzogenen und stellenweise zusammenhängenden Flecken, welche röthlichbraun, zu unterst heller, obenauf dunkler sind, und stehen oft gegen das spitze Ende oder um die Mitte kranzartig beisammen oder bedecken gleichmäßig das ganze Ei.

12. Der kurzzehige Adler.

Falco Crachydactylus. Er bewohnt große ausgedehnte Waldungen in den Niederungen gebirgiger und wasserreicher Gegenden im südlichen und angrenzenden westlichen und östlichen Europa, einzeln die großen Tannenwälder Teutschlands. Nistet auf dem Gipfel uralter Eichen und baut ein ganz flaches Nest aus starken Baumästen und Grasstengeln. Die 2 bis 3 Eier sind kalkweiß, mit rundlichen und in die Länge gezogenen, röthlich lederfarbenen Flecken von verschiedener Größe, welche größtentheils unter der Grundfarbe durch scheinen und entweder einzeln über das ganze Ei verbreitet oder bis auf wenige an der Spitze verschwunden sind. Brütezeit im Juni. S. Fig. 5.

13. Der rauchfüßige Bussard.

Schneeadler, **Falco lagopus.** Er bewohnt das nordöstliche Europa, horstet höchst selten in Teutschland, überwintert aber häufig in dessen Ebenen. Nistet in großen Wäldern auf hohen Bäumen, besonders Eichen und Buchen. Er legt im Juni, oft schon im Mai, in ein aus Reisern, Stroh, Haaren, Wolle, Federn, Moos u. dgl. gemachtes Nest 2 bis 3 Eier, etwas größer als die des gemeinen Bussard, grauweiß oder blaßgraugrün mit vielen grauen und lehmbraunen, nicht scharf gezeichneten Flecken, welche oft gegen das spitze Ende häufiger, fast immer aber stellenweise mit einander verbunden sind. S. Fig. 6.

14. Der Mausebussard.

Falco buteo. Gemein in ganz Europa. Nistet in Wäldern auf hohen Nadel- und Laubbäumen, wo er ein dem rauchfüßigen Bussard ähnliches Nest baut und schon im März oder April 1 bis 4 weißgrünliche Eier legt, welche mit braunen Flecken, Wolken, Strichen und Düpfeln sehr verschiedenartig gezeichnet sind. S. Fig. 7.

15. Der Wespenfalk.

Wespenbussard, **Falco apivorus.** Er bewohnt die Gebirgswälder des östlichen Teutschlands, ist selten im mittlern, besonders einzeln in den wenig gebirgigen Nadelwäldern.

Er legt in ein aus starken, nach innen zarter werdenden und oben mit grünen Zweigen belegten Reisern verfertigtes Nest 3 bis 4 schmutzigweiße oder rostfarbige Eier, mehr oder weniger mit rostrothen, braunen, dunkelrothbraunen oder lehmfarbigen Flecken, und oft so bespritzt, daß von der Grundfarbe nichts mehr zu erkennen ist. S. Fig. 8.

16. Die Milane, Gabelweihe.

Falco milvus. Lebt im mittlern Europa und Teutschland in Gebirgswaldungen und auf den mit Feldhölzern besetzten Ebenen, und baut sein Nest auf hohen Laubbäumen, seltner im Nadelholze, aus groben Reisern, welche nach oben feiner werden, flach gelegt und inwendig mit verschiedenen weichen Materialien ausgefüttert sind. Legt im Mai 2 bis 4 weiße, kalkweiße, nie grünliche Eier, welche bald nur mit wenigen braunen Flecken bezeichnet, bald aber zahlreich mit braunen, rothbraunen und schwarzen Flecken, Strichen, Punkten und Schnörkeln besetzt sind, welche scharf auf den Grund getragen und an der Spitze oder in der Mitte oft kranzartig gestellt sind, seltner stellenweise zusammenhängen. S. Fig. 9.

17. Die schwarzbraune Gabelweihe.

Schwarzbraune Milane, Falco ater. Lebt im nördlichen Afrika und in den südlichen Theilen von Teutschland und Europa überhaupt, in der Nähe der Flüsse und Seeküsten. Das Nest ist dem vorhergehenden ganz ähnlich, nur findet man unter die Materialien oft Fischgräten gemengt. Die Grundfarbe der 3 bis 4 Eier, welche man im Mai darin findet, ist blaßweißgrün, oft fast weiß; unter diesem Tone stechen einzelne große graue und verwaschene Flecken, über demselben aber, besonders gegen das spitze Ende, einzelne braune, zum Theil verwaschene, mit einigen dunkleren und vielen Punkten gemischte Flecken. S. Fig. 10.

18. Der isländische Falke.

Edelfalke, **Falco Islandicus.** Bewohnt in Europa nur die nördlichsten Länder, und nur die Jungen streichen und verirren sich höchst selten an die deutsche Küste. Horstet auf unzugänglichen Felsen, baut aus Reisern ein großes, mit dürren Halmen ausgelegtes Nest, und legt im Mai 2 bis 3 Eier, welche eine blaßgraugrünliche Grundfarbe und zahlreiche, theils einzelne, theils zusammenhängende Flecken und Spritzeln haben, deren Farbe graubraun, schwarzbraun und rostfarbig ist. S. Fig. 11.

19. Der blaufüßige Falke.

Falco lanarius. Bewohnt die mit Felsen oder verfallenen Thürmen besetzten Gebirgswälder Teutschlands; horstet auf unzugänglichen Felsen oder alten Thürmen und legt 2 bis 4 rostgelbliche, mit rothbraunen Flecken fast bedeckte Eier.

20. Der Wanderfalke.

Falco peregrinus. Er bewohnt die mit steilen Felsen besetzten Gebirgswälder des nördlichen Europa, wandert im Herbste nach Teutschland und hält sich hier auf den Ebenen auf. Er brütet in dichten Nadelwäldern, oder in deren Nähe auf dem Gipfel hoher Tannendickichte auf hohen unzugänglichen Mauerwänden und in Felsklüften, wo er aus Reisern und Grasstengeln ein schlechtes Nest verfertigt, und im Mai oder Juni 2 bis 4 Eier legt, welche mehr oder minder lebhaft und stark rothgelb, bald mit dicht in einander geschlungenen rostbraunen und braunen Flecken bedeckt, bald nur mit einzelnen blutrothen, braunen und schwarzen Flecken besetzt sind. S. Fig. 12.

21. Der Baumfalke.

Falco subbuteo. Bewohnt das nördliche Europa, und hält sich am liebsten in den Vor- und Feldhölzern auf; horstet auf Bäumen, vielleicht auch auf Felsen, und legt 3 bis 4 weißliche, rothbraun oder braunroth gefleckte Eier. S. Fig. 13.

22. Der Zwerghabicht.

Zwergfalke, **Falco Aesalon.** Bewohnt die nördlichen europäischen Inseln und kommt besonders in gelinden Wintern nach Teutschland. Er baut ein großes Nest aus Baumreisern auf Nadelholzbäumen und zar in solchen Wäldern, die mit Feldern in Verbindung stehen. Er legt im Mai oder Juni 3 bis 5 Eier, welche bald kurz und dick, bald länger und schön eiförmig sind; ihre Grundfarbe ist weiß oder blaßgrünlichweiß, die Fleckenfarbe grünbraun oder dunkelölbraun, mit dunkelbraunen, sparsam und seltener mit schwarzbraunen kleinen Flecken gemischt, welche sehr zusammenhängen, so, daß sie unregelmäßig große Stellen bedecken; die übrige Fläche ist zarter bespritzt, die Fleckenfarbe zieht hie und da ins Rothbraune und hat lichte Theile, weißliche und dunkelbraune Adern zwischen sich. S. Fig. 14.

23. Der Hühnerhabicht.

Falco palumbarius. Bewohnt im Sommer die Schwarzwälder Teutschlands und bleibt nur einzeln im Winter auf den freien Ebenen. Baut auf hohen Nadel- und Laubbäumen, am liebsten auf Tannen sein Nest aus Baumzweigen, welche unten stark und dürr, oben aber stets grün sind, weil er sie beständig erneuert. Schon im April legt er 2 bis 5 graugrünlichweiße, nicht sehr reichlich und unregelmäßig grau und blaßolivbraun gefleckte Eier. Diese Flecken sind oft so verflossen, daß das Ei fast einfarbig erscheint, wobei sich aber stets eine mehr blaugrünliche Grundfarbe findet. S. Fig. 16.

24. Der Thurmfalke.

Falco tinnunculus. Gemein in ganz Teutschland, nistet in lichten Wäldern, wo er auf den verschiedensten Bäumen ein dichtes, ziemlich gewölbtes Nest baut, aber auch auf Burgen, Kirchen, in den Spalten hoher Ufer- und Mauerwände, in welchem Falle das Nest aber viel schlechter angefertigt ist, ja oft gar nicht gebaut wird, sondern die 3 bis 7 Eier ohne Unterlage hineingelegt werden. Die Nestmaterialien bestehen aus dürren Reisern, im Innern aber befindet sich eine weiche Lage von Halmen, Moos, Wurzeln, Wolle, Haaren, Federn 2c. Die im Mai oder Juni gelegten Eier sind rothgelb oder röthlichweiß, von schönen rostfarbenen Flecken, aber so dicht marmorirt, daß wenig von der Grundfarbe bleibt, sie treten bald stärker, bald schwächer hervor, sind am stumpfen Ende oft häufiger und stets mit dunkleren Punkten und Fleckchen gemischt. S. Fig. 15.

25. Der rothfüßige Falke.

Falco rufipes. Bewohnt das östliche und nordöstliche Europa, besucht Teutschland zuweilen auf dem Herbst-, selten auf dem Frühlingszuge, und hält sich gern an Teichen auf.

26. Der Sperber.

Falco nisus. In ganz Europa, wo er Feldhölzer, zur Brütezeit aber am liebsten das Nadeldickicht bergiger Waldungen bewohnt. Er baut auf halberwachsenen Bäumen ein ziemlich großes, aus dürren Reisern bestehendes Nest und legt im Mai oder Juni 4 bis 7 weiße oder grünliche Eier, mit braunen Flecken sehr verschieden gezeichnet. S. Fig. 17.

27. Die große Sumpfweihe.

Falco rufus. Sie bewohnt die schilfrohr- und buschreichen Ufer der Seen und großen Teiche des mittlern Europa, ist im nördlichen Teutschland in den wasserreichen Gegenden nicht selten, horstet im Rohre oder Schilfe, oft auf einer Binsenkufe, und legt 2 bis 4 blaßweißlich blaugrüne Eier. S. Fig. 18.

28. Die Kornweihe.

Falco cyaneus. Sie lebt auf den großen, mit Getreide bedeckten Ebenen Europas, welche Feldhölzer in sich schließen, überwintert auch zuweilen in Teutschland, und baut ihr Nest an denselben Orten und aus denselben Materialien, wie die Wiesenweihe (s. u.). Sie legt gewöhnlich schon im Mai 3 bis 6 Eier, welche schmutzigweiß oder grünlichweiß, ohne Flecken, oder blaßblaugrün mit nicht sehr zahlreichen grauen und braunen, meist gegen das spitze Ende gedrängten Flecken sind. S. Fig. 19.

29. Die Wiesenweihe.

Falco cineraceus. Sie bewohnt die mit Wiesen, Rieden, Sümpfen und Getreidefeldern bedeckten Ebenen des östlichen und südlichen Europa, ist in Teutschland ziemlich selten, im östlichen noch am häufigsten. Sie legt ihr Nest stets auf der Erde auf Wiesen, im Rohr, Weidengebüsch und auf Feldern im Getreide an, und es besteht dasselbe aus Rohrstengeln, Gras, Reisern und verschiedenen andern Pflanzenstengeln, ist aber gewöhnlich mit Moos, Haren und Federn ausgelegt und enthält selten vor dem Juni 4 bis 6 Eier, welche in der Farbe denen der Sumpfweihe (s. o.) sehr gleichen, aber bedeutend größer sind. S. Fig. 20.

Zweite Familie. **Eulen, nächtliche Raubvögel.** (Raptatores nocturni.)

A. **Ohreulen, Horneulen, gehörnte Eulen,**

mit dicken, beweglichen, aufgerichteten Federbüscheln auf beiden Seiten des Kopfes.

30. Der Uhu.

Schuhu, große Ohreule, **Strix bubo.** Bewohnt die Felsenritzen Teutschlands, verläßt uns im Winter; baut in den dichtesten Nadel- und Gebirgswäldern ein sehr großes Nest in Felsenklüfte, seltener auf Bäumen, wo solche dicht beisammen stehen, und besteht dieses aus starken Aesten, Blättern und Moos; legt im April 2 bis 3 stark abgerundete weiße Eier. S. Fig. 24.

31. Die mittlere Ohreule.

Kleiner Uhu, Strix otus. Bewohnt die ebenen und Gebirgswaldungen von Europa, besonders lichte Laub- und Nadelhölzer; nistet in verlassenen Nestern von Falken, Raben, Tauben und Eichhörnchen, und legt im April 3 bis 5 weiße Eier. S. Fig. 25.

32. Die Zwergohreule.

Zwerguhu, geöhrter Kauz, Strix scops. Lebt in Gebirgswäldern im südlichen und mittlern Europa, auf den Alpen der Schweiz, Tyrols und Krains. Legt im Mai oder Juni in Felsenritzen und hohle Bäume ohne Nest 2 bis 4 große, weiße, beinah runde Eier. S. Fig. 27.

33. Die Sumpfohreule.

Wiesenuhu, kurzöhriger Uhu. Strix brachyotus. Lebt in grasreichen Sümpfen und auf Getreidefeldern der nördlichen Gegenden bis Nordteutschland herab, im Herbste auf Kohläckern; und legt im Juni in ein Nest im Grase, auf einer Rohrkufe und im Heidekraut, oft mit einer schlechten Unterlage von Strohhalmen, 3 bis 4 weiße Eier, welche in der Größe mit den Eiern der mittlern Ohreule überein kommen. S. Fig. 26.

B. Kauze, glattköpfige Eulen,
ohne Federbüsche am Kopfe.

34. Die Baumeule.

Brandbaumkauz, Strix stridula. Ist häufiger in den Nadelwäldern, und auch in Laubhölzern Teutschlands, als die folgende, kommt auch zu den menschlichen Wohnungen, und legt in hohle Bäume 2—4 große, weiße Eier.

35. Die Sperber-Eule.

Nachtbaumkauz oder die Waldeule, Strix Aluco. Lebt in den Laub- und Nadelwäldern Teutschlands, kommt im Winter zuweilen in die Dörfer, auf die Thürme, Heuböden, in die Schornsteine nnd unter die Dächer. Legt im Mai in hohle Bäume oder Stöcke, oft mit einer schlechten Unterlage, 2 bis 3 große, weiße Eier. S. Fig. 23.

36. Die große Schneeeule.

Schneekauz, Strix nyctea. Bewohnt nur die kalten Länder und kommt selten bis ins nördliche Teutschland. Legt in Felsenritzen 2 weiße Eier.

37. Die Schleiereule.

Der teutsche Schleierkauz, Strix flammea. Lebt und brütet in den ebenen oder hügeligen getreidereichen Gegenden Teutschlands auf alten Burgen, Thürmen, Kirchen und andern großen Gebäuden; legt in Mauerlöcher und unter Dächer im April oder Mai 3 bis 4 weiße Eier. S. Fig. 21.

38. Der große Kauz.

Strix ulula. Lebt gern in felsigen Waldungen, alten Mauern und Thürmen, und legt 2 bis 3 große, weiße Eier.

39. Der kleine Kauz.

Käuzchen, Leichenhuhn, Todtenvogel, Sperlingseule, Strix passerina. Lebt in alten verlassenen Gebäuden, Steinbrüchen, in Wäldern und Gehölzen, in hohlen Bäumen, an Wegen, in Gärten und an Gewässern Teutschlands, wo sie im März oder April 4 bis 6 rundliche, große, weiße Eier legt. Sie baut auch öfters ein förmliches Nest aus Reisern auf sehr hohe Nadelbäume, selbst im Hochwalde, welches am Ende der Zweige steht. S. Fig. 22.

Zweite Ordnung.

Rabenartige Vögel.

(Coraceae, Corvinae.)

Sie leben in der Brütezeit paarweise, sonst meist gesellschaftlich, sind theils Standvögel, theils Zugvögel, und werden am bequemsten in die beiden Familien der Würger und Raben vertheilt.

Erste Familie. **Würger.** (Lanii.)

Von den vielen Arten der Würger kommen nur vier, welche zu den Zugvögeln gehören, in Teutschland vor; leben an baum- und buschreichen, eine freie Aussicht gestattenden Orten, bauen große halbkugelige Nester auf Büsche, Bäume und in Hecken, legen 4—7 Eier und machen meist 2 Bruten. Brütezeit 2 Wochen.

1. Der graue Würger.

Große Würger, Lanius excubitor. Er ist in ganz Europa zu treffen und baut sein großes, aus Reisern, Moos, Pflanzenstengeln, Halmen, Wolle, Federn und Haaren verfertigtes Nest hoch auf Bäume in Gehölzen und Feldern, häufig auf die Obstbäume, womit in vielen Gegenden Teutschlands die Chausseen eingefaßt sind, in Obstgärten, auch auf Waldbäume, vorzugsweise aber im Laubholz und da, wo Gehölze mit Wiesen zusammenhängen. Er legt im Mai und oft zum zweiten Male im Juli 5 bis 7 weißgrüne Eier mit grauen, hell- und dunkelbraunen Flecken, welche meist über die ganze Eifläche verbreitet, oft aber auch am stumpfen Ende häufiger sind, jedoch keinen so regelmäßigen Kranz bilden, wie beim Dorndreher. Andere Eier sehen von ölgelben und olivbraunen Flecken wie marmorirt aus. S. Fig. 62.

2. Der rothköpfige Würger.

Lanius collurio. Gleicht in der Fortpflanzung sehr dem Dorndreher; sein Nest ist aber häufig mit Insektengespinnsten und Pflanzenwolle vermischt und nicht selten auch auf kleinen Bäumen angelegt. Die Eier sind in der Regel kürzer und bauchiger, schmutzig gelbweiß oder röthlichweiß mit braunrothen, grauen Flecken und einigen dunkeln Düpfeln oder Punkten; oft sind auch ölbraune Flecken darunter gemischt. Diese Zeichnung ist bald über das ganze Ei verbreitet, bald gegen das stumpfe Ende gedrängt; die Flecken sind aber ganz anders als beim Dorndreher. S. Fig. 66.

3. Der Dorndreher.

Rothrückiger Würger, Lanius spinitorquus. Er ist, den hohen Norden ausgenommen, über ganz Europa verbreitet und nistet in Dornhecken, in Laub- und Nadelbüschen sowohl im Felde, als in Wäldern, besonders an solchen Orten, wo der Wald viel freie, mit Gebüschen bewachsenen Stellen, Felder und Wiesen mit Hecken in der Nähe hat. Das Nest besteht aus etlichen Reisern, Moos, starken Halmen und Queckenstengeln, das Innere aus feinen dürren Halmen oder Wurzelfasern gebildet und selten mit andern Gegenständen vermischt. Das Weibchen legt zwei Mal, im Mai und Juli, 4 bis 7 Eier, deren Grundfarbe weißgrünlich, bräunlich- oder gelblichweiß, bläulichweiß, röthlichweiß, oder bräunlich fleischfarben ist; darauf stehen graue Flecken und über diesen olivbraune hellere und dunklere oder braunrothe Flecken und Punkte, welche in den meisten Fällen kranzförmig beisammen stehen, bald am spitzen, bald am stumpfen Ende oder in der Mitte; oft bildet auch die graue und braune Farbe jede einen Kranz an den beiden Enden. S. Fig. 63; eine seltene Abweichung ist das Ei Fig. 64. Das Nest s. Fig. 65.

4. Der kleine Würger.

Lanius minor. Dieser gleicht in Allem dem grauen Würger bis auf die geringere Größe des Nestes und der Eier; und macht nur eine Brut.

Zweite Familie. **Raben.** (Coraces.)

Von den bekannten Arten leben 10 in Teutschland, doch kommen außerdem noch einige andere als Zugvögel zu uns. Sie bauen ein halbkugelförmiges, inwendig ausgefüttertes, oben offenes Nest, und legen 3 bis 6 Eier.

5. Der Holzheher.

Der teutsche Eichelheher. **Corvus glandarius.** Gemein in ganz Teutschland in Gehölzen und Waldungen aller Art. Das Nest, 6 bis 30 Fuß hoch auf Laub- und Nadelbäumen, ist ein dünnes und schlechtes Gelege von Reisern und Wurzeln und steht bald auf einem Stamme, bald auf einem Seitenaste. Er legt im April und Juni 5 bis 7 olivbraune oder weißgrüne, überall oder nur gegen das stumpfe Ende dicht mattbraun gespritzte Eier, welche häufig auf letzterm Orte mit einem schönen Kranze geziert sind, seltener an der Spitze oder in der Mitte. S. Fig. 46.

6. Der Tannenheher.

Der Nußheher, Nußknacker oder gefleckte Spechtrabe. **Corvus caryocatactes.** Lebt in gebirgigen Nadelwäldern von fast ganz Europa, ausgenommen im hohen

Norden, und kommt nur in manchen Jahren im September und October in die Ebenen. Nistet in hohlen Bäumen, wahrscheinlich ohne ein eigentliches Nest, und brütet 3 bis 5 graulich grünbraune Eier mit wenigen hellern und dunklern braunen Flecken aus. S. Fig. 47.

7. Die Elster.

Corvus pica. In ganz Europa bekannt. Sie nistet in Gehölzen, welche sich in der Nachbarschaft bewohnter Orte befinden; häufiger aber in Baumgärten und Alleen, auf den verschiedenartigsten Bäumen, doch vorzüglich auf Obstbäumen und Pappeln. Ihr großes, weites und festes Nest, welches 10 bis 100 Fuß hoch in einer Astgabel dicht belaubter Bäume und Sträucher steht, hat einen Unterbau von Dornzweigen und Erde, ein aus Baumzweigen und Wurzeln geflochtenes Mittelstück und eine Decke oder Haube aus Dornzweigen; der Eingang liegt auf der Seite und das Innere ist mit Gräsern, feinen Wurzeln und Moos weich ausgefuttert. In den Monaten Februar oder März legt sie 3 bis 6 Eier, brütet sie in 16 Tagen aus und füttert und lehrt die Jungen an, bis sie 8 Wochen alt und ausgewachsen sind, nach welcher Zeit sie die zweite Brut im Juni vorbereitet. — Die Eier sind etwas unrein und blaß blaugrün mit grauen, braunen und dunkelbraunen, mehr oder weniger zahlreichen, am stumpfen Ende aber besonders häufig stehenden Flecken. Oft läßt diese Zeichnung einen großen Theil der Grundfarbe durchblicken, oft ist sie so stark bedeckt, daß nichts mehr davon wahrzunehmen ist und die Eier dann grünbraun gespritzt aussehen, wie manche Eier des teutschen Eichelhehers. S. Fig. 44. u. 45.

8. Die Dohle.

Thurmdohle oder Dohlenkrähe. Corvus monedula. Lebt in kleinen Gesellschaften, seltner einzeln, auf Thürmen, Kirchen und Burgen unter Dächern und Balken, am häufigsten aber in Mauerspalten, auch in hohlen Bäumen der Vorhölzer, der getreidereichen Gegenden Teutschlands. Das Nest besteht aus Reisern, Stroh, Mist, im Innern aus Schafwolle, Federn, Thier- oft auch Menschenhaaren; sie legt im April oder Mai 4 bis 7 blaugrüne oder weißlich gelbgrüne Eier, mit zerstreuten grauen, ölbraunen und dunklern Flecken, auch schwärzlichen Punkten; oft sind auf dem blaugrünen Grunde bloß 5 bis 6 schwarze Punkte zu bemerken. S. Fig. 41.

9. Die Steinkrähe.

Steindohle, Alpendohle, Alpenkrähe, Steindohlendrossel. Corvus graculus. Sie lebt in einzelnen Paaren auf den höchsten Alpen der Schweiz. Das Nest steckt in engen Felshöhlen und soll schlecht aus Reisern, Moos und Pflanzenstengeln gebaut sein. Sie sollen alle Jahre dieselbe Nesthöhle benutzen und jährlich ein Mal 4 bis 6 Eier legen, welche vollkommen der Fig. 42 gleichen, nur haben sie oft weniger, manche gar keine grauen Flecken.

10. Die Alpendohlendrossel.

Schneealpenrabe. Corvus alpinus. Lebt sehr gesellig auf den Schweizer und Tyroler Alpen an der Grenze des ewigen Schnees in schroffen Felswänden. Das Nest soll aus Reisern, Moos und Federn bestehen. Wahrscheinlich nur eine Brut mit 4 bis 5 Eiern, welche der Fig. 43 gleichen.

11. Die Saatkrähe.

Feldkrähe. Corvus frugilegus. Sie bewohnt die getreidereichen, mit Feldhölzern besetzten Ebenen Nord- und Mittelteutschlands in großer Anzahl, nistet in Feldhölzern und an Waldrändern auf Nadel- und Laubbäumen, und trifft man oft über ein Dutzend Nester auf einem Baume und mehre solche Bäume neben einander stehen. Das Nest besteht aus einer dicken und festen Lage aus Reisern, Dornen, Halmen, Moos, Erde, Borsten und Haaren. Diese Brüteplätze beziehen sie alle Jahre wieder und findet man gewöhnlich ihre 3 bis 6 Eier, welche in der Form und Färbung den Eiern des Raben gleichen, schon im Februar und Anfangs April.

12. Die Rabenkrähe.

Schwarze Krähe, Gartenrabenkrähe. Corvus corone. Findet sich im größten Theile von Europa, am seltensten im nordöstlichen Teutschland, bewohnt die teutschen Laubhölzer, welche an Felder, Wiesen und Gärten grenzen, die Feldbäume und Gärten selbst. Nistet sehr hoch auf Laub- und Nadelbäumen, in Baumgärten, Feldhölzern und im Hochwalde. Das Nest besteht aus dürren Baum- und Dornzweigen, Erde, Rasen, Pflanzenwurzeln und Baststreifen; inwendig enthält es verschiedene Materialien, als Wolle, Borsten, Haare verschiedener Thiere, Halme, Faden, Stücke Leder, Leinwand und Wollenzeug. Im April legt sie 3 bis 6 Eier, welche in der Form und Färbung den Eiern des Raben gleichen. S. Fig. 40.

13. Die Nebelkrähe.

Schneekrähe, graue Krähe. Corvus cornix. Bewohnt Norddeutschland, lebt gern in der Nähe des Wassers und gewöhnlich an Orten, wo die Rabenkrähe nicht ist, wandert im Winter westlich und kommt dann auch in die Städte und Dörfer. Sie nistet in Laub- und Nadelwäldern, in Feldhölzern und an gebüschreichen Orten, wo es einzelne große Bäume giebt. Im Hochwalde findet man ihr Nest nicht, sondern vorzugsweise auf lichten Waldstellen in der Nähe von Wiesen und Feldern, selbst auf Gebäuden, steht meist auf starken Bäumen, oft sehr hoch, wird mehre Jahre nach einander benutzt und ist dem der Rabenkrähe ähnlich. Legt im April 3 bis 5 Eier, welche in der Form und Färbung denen des Raben gleichen.

14. Der Rabe.

Kolkrabe, Waldrabe. Corvus corax. Ist über ganz Europa verbreitet, bewohnt die Wälder, Ebenen oder die Vorhölzer gebirgiger Gegenden Teutschlands, lebt paarweise, nie in Gesellschaft; besonders liebt er die großen Kiefernwälder, legt sein großes Nest hoch oben auf den Gipfeln der Bäume, hohen Felsen und Burgen an, in letzterm Falle in den Höhlungen derselben; es besteht aus denselben Materialien, wie das der Rabenkrähe, nur sind stärkere Aeste und in Seegegenden auch Tange dazu verwendet. Legt im Februar oder März 3 bis 6 Eier. Diese sind durch ihre beträchtliche Größe stets von andern Rabeneiern zu unterscheiden; was aber die Wandelbarkeit der Form und Färbung betrifft, so ist sie völlig gleich bei dem Raben, der Rabenkrähe, der Saat- und Nebelkrähe, und man ist nicht im Stande, die Eier der drei letztern von einander zu unterscheiden, wenn man den Vogel nicht beim Neste sieht. Die Grundfarbe dieser Eier ist stets eine grünliche, grasgrün, olivengrün, weißgrün, schmutzig gelbgrün oder graugrün; dabei mit grauen und hellen und dunkeln braunen Flecken und Punkten gezeichnet. Bald sind diese Flecken von einander getrennt und von ihrer Grundfarbe geschieden, bald mit dieser und untereinander verflossen; oft über das ganze Ei gleichmäßig verbreitet; ein ander Mal gegen das stumpfe Ende mehr angehäuft, manchmal gruppenweise zusammenhängend. Einige haben auch dunkele Haarzüge, bei andern fehlt fast alle Zeichnung und haben auf dem grünen Grunde nur einige äußerst feine Punkte, wogegen bei vielen der Grund fast ganz bedeckt ist. Auch die Form ist sehr verschieden, es giebt kurze und bauchige, theils gleich abgerundet, theils an einem Ende stark zugespitzt, andere haben die gewöhnliche Eiform und noch andere sind sehr gestreckt und schmal. S. **Fig. 39.**

15. Die Mandelkrähe.

Blaukrähe, Birkheher, Rake, blaue Rake. **Coracias garrula.** Lebt im gemäßigten und nördlichen Europa, den Eichenwäldern Nordteutschlands, in Wäldern, welche Felder in der Nähe und viele lichte Stellen mit einzelnen großen Bäumen haben, in deren Höhlungen sie nistet. Die Höhle steht 8 bis 20 Fuß hoch, das Nest darin ist tief, aus Halmen, Pflanzenstengeln, Moos und Reisern gebaut und hat inwendig eine Ausfütterung von Federn, Haaren und dergleichen weichen

Stoffen; sie legt im Juni 4 bis 6 glänzend weiße Eier, welche vom Männchen und Weibchen in 20 Tagen ausgebrütet werden. S. Fig. 38.

16. Der Pirol.

Golddrossel, Bülau, Pfingstvogel. Oriolus galbula. Er wandert im Frühjahre und Herbste durch Mittelteutschland, hält sich nur kurze Zeit auf Laub tragenden Bäumen auf, und brütet im wärmern Europa in Laubgehölzen. Das Nest steht nicht hoch, ist sehr tief und fest geflochten und mit Bastfasern oder künstlichen, kreuzweise über eine Gabel geschlungenen Fäden befestigt. Der eigentliche Filz besteht aus Halmen, Wurzeln, Moos, Blättern, Flechten, Papierschnitzeln, Leinwandabfällen, Wolle und Federn. Legt im Juni 3 bis 6 rein weiße Eier, welche aber frisch wegen des durchscheinenden Dotters blaßfleischfarben aussehen; auf diesem Grunde stehen mehre vereinzelte schwarze Tropfen und feine Punkte. S. Fig. 37.

17. Die rosenfarbige Amsel.

Samarmar, Seestaar, Ackerdrossel. Merula rosea. Lebt in Afrika und Südasien, kommt selten nach Teutschland, nistet in den Löchern hohler Bäume oder alter hoher Gebäude und legt auf eine nestartige Unterlage 4 bis 6 Eier, so groß wie Staareier und wie diese bläulichgrün, doch etwas gelblicher. S. Fig. 121.

18. Gemeiner Staar.

Hausstaar, Staarmatz. Sturnus vulgaris. Ist über den größten Theil von Europa verbreitet und nistet in vorgefundenen Löchern der Bäume, in Feldern und Gärten, Felsen und Mauerspalten, unter Dächern der Waldhäuser und Taubenschläge, selbst in Kasten und Töpfen, welche an Bäumen aufgehängt sind; am meisten liebt er solche Waldungen, welche Wasser, Aecker, Wiesen und Viehweiden in der Nähe haben. Das Nest ist ziemlich tief, doch nicht fest gebaut und besteht aus Stroh- und Grashalmen, Flechten und dürren Blättern; im Innern gewöhnlich aus Wolle, Menschenhaaren und Federn. Er macht je nach der günstigen Witterung 1 bis 2 Bruten, im erstern Falle im Mai, im andern im April und Juni, und legt 5 bis 7 weißblaue, ins Grüne ziehende Eier. S. Fig. 120.

Dritte Ordnung.

Gangvögel, Singvögel.

(Passerinae, Ambulatores.)

Die in unsern Gegenden lebenden Vögel zeichnen sich weniger durch ein prachtvolles Gefieder, als durch einen lieblichen Gesang aus. Sie leben paarweise, meist auch familienweise, doch selten in großen Schaaren. Ihre Nester haben zum Theil eine künstliche Gestalt.

Erste Familie. **Sänger.** (Canorae.)

Vögel mit geradem, schmalem und spitzem Schnabel, hohen Füßen, langen Zehen und Krallen. Die meisten haben einen angenehmen und vieltönigen Gesang.

1. Die Drossel.

Turdus. Von dieser Gattung kann man zwölf Arten als in Teutschland wohnend betrachten. Ihr Nest findet sich in Gebüschen und auf niedrigen Baumzweigen.

a) Die Misteldrossel, Ziemer, Schnarre, großer Krammetsvogel, Turdus viscivorus. Sie lebt überall in Europa in Wäldern, vorzüglich in Nadelhölzern, wo es viele lichte Stellen und Felder, besonders Viehweiden gibt. Das Nest steht in einer Astgabel, oft nahe am Stamm und 6 bis 30 Fuß hoch auf verschiedenen Nadelholzbäumen, selten im Laube; es bildet seiner Form nach einen festen tiefen Napf, von länglichem oder rundlichem Umfange, und besteht außerhalb aus zarten Nadelholzreisern, Moos und Heidekraut mit Erde vermischt und nicht selten mit Flechten überzogen; das Innere ist platt mit dürren Grashalmen und Wurzelfasern ausgelegt und enthält im März oder April und im Juni 4 bis 6 Eier, welche ziemlich denen der Wacholderdrossel gleichen und oft nur durch die bedeutendere Größe von diesen zu unterscheiden sind. S. Fig. 113 und 114.

b) Die Wachholderdrossel, Krammetsvogel, Schaker, Turdus pilaris. Lebt in Europa und einem kleinen Theile von Asien, nistet besonders in nördlichen Gegenden in gebirgigen Laubwaldungen, wo es viele Birken giebt, baut ein gutes Nest aus Reisern, Blättern, Wurzeln, Heidekraut, Moos und Flechten, worunter öfters Erde und Holzsplittern gemischt sind, und legt im Juni oder Juli 4 bis 6 blaßgrünlichblaue, violettgrau, roth und dunkelbraun gefleckte und oft noch mit einigen schwarzen Strichelchen gezeichnete Eier. S. Fig. 117.

c) Die Singdrossel, Zippdrossel, Weindrossel. Turdus musicus. Nistet in ganz Europa gern in Gebirgswäldern nahe an Bächen und feuchten Wiesen. Hier macht sie auf niedrige Nadelhölzer und auf die untern Aeste dichtbelaubter Bäume ein tiefes wasserdichtes Nest aus Holzsplittern, welche sie mittelst ihres Speichels zusammenklebt, und überkleidet es außerhalb mit Moos und Tannenreisern. Sie legt im März oder April und im Juli 4 bis 6 lebhaft blaugrüne Eier mit schwarzen, größern und kleinern Punkten. S. Fig. 115 und 116.

d) Die Weindrossel, Rothdrossel, kleinster Krammetsvogel, Turdus iliacus. Lebt an denselben Orten und bringt zwei Bruten, wie die Singdrossel. Das Nest gleicht ziemlich dem der Schwarzdrossel. Die 4 bis 6 Eier sind ziemlich lebhaft bläulichgrün, stärker als die blassen Eier der Schwarzdrossel, aber blässer und trüber, als bei der Singdrossel; die Flecken sparsam rothbraun mit etlichen dunklen Punkten gemischt und gegen das stumpfe Ende gedrängt. S. Fig. 118.

e) Die Schwarzdrossel, Amsel, Turdus merula. Sie ist in der ganzen alten Welt zu Hause, macht ihr Nest in einem dichten Gebüsch auf Fichten und Tannen nicht hoch über der Erde aus dünnen Zweigen, Pflanzenstengeln, Moos und Wurzeln, überzieht es mit Lehm und futtert es mit Haaren und Wolle aus. Sie legt im März oder April und im Juli 3 bis 6 Eier, deren Grundfarbe hellgrasgrün oder bläulichgrün ist. Die dunklern Eier sind stets reichlicher und dunkler gefleckt als die hellern, deren Fleckenfarbe röthlich, bald gleichmäßig vertheilt, bald am stumpfen Ende mehr angehäuft ist; dort sind die Flecken verworrener, grau, braun und schmutzig violett. S. Fig. 110, 111 und 112.

f) Die Ringdrossel, Schildamsel, Stockamsel, Turdus torquatus. Kommt nur als Zugvogel durch Teutschland und stimmt in der ganzen Fortpflanzung mit der vorhergehenden sehr überein und hat dieselben Eier.

g) Die blaue Steindrossel, blaue Amsel, Turdus cyanus. Lebt auf den Gebirgsfelsen des südlichen Europa, selten in Südtyrol und der südlichen Schweiz; nistet in Löchern von Felsen, Mauern, Burgen, Thürmen, hohen Gebäuden und Bäumen, macht ein Nest aus Reisern, Halmen und Moos und legt 4 bis 6 schön blaugrüne, ungefleckte Eier. S. Fig. 109.

h) Der Wasserschwätzer. Turdus aquaticus. Ist über ganz Europa verbreitet und nistet an Flüssen und Bächen in Uferhöhlen, Brücken, stillstehenden Mühlrädern, Radkammern und Felsen, welche vom Wasser überströmt werden, so daß der Vogel oft, um zu seinem Neste zu gelangen, kleine Fälle von Wasser durchschneiden muß. Er legt im März oder April und im Juni oder Juli 4 bis 6 weiße Eier in ein überwölbtes oder flach geschlossenes, aus Halmen, Moos und Blättern verfertigtes Nest. S. Fig. 119.

2. Der Fliegenschnäpper.

Fliegenfänger. Muscicapa. Die Fliegenfänger leben in Laubhölzern, Gärten und an mit Laubbäumen besetzten Stellen; bauen schlechte Nester in Löcher von Mauern und Bäumen, auf Bäume selbst oder auf die Erde. Sie machen nur eine Brut und legen 4 bis 6 Eier.

a) Gemeiner oder grauer Fliegenschnäpper. Muscicapa atricapilla. So weit, wie der gefleckte Fliegenschnäpper, verbreitet, geht aber noch weiter gegen Norden. Das Nest ist schlecht aus Halmen, Wurzeln, Insektengespinnsten, Haaren und Federn gebaut und in hohlen und abgeköpften Bäumen der Laubhölzer und Baumgärten, auch in den Achseln in einer Höhe von 5 bis 25 Fuß angelegt. Er legt im Juni 5 bis 6 völlig fleckenlose, blaß blaugrüne Eier. S. Fig. 60.

b) Weißbunter Fliegenschnäpper. Muscicapa collaris. Bewohnt die Laubhölzer Thüringens und legt in hohle Bäume 4 bis 6 bleichblaue, kaum merklich röthlich gefleckte Eier.

c) Gefleckter Fliegenschnäpper. Muscicapa grisola. Den hohen Norden ausgenommen, in ganz Europa zu Hause, wo er im Walde, im Felde, Lustgehölzen und dunklen Baumgärten mitten in bewohnten Orten nistet. Zur Anlage des Nestes, welches aus Halmen, häufiger aber aus Moos und Wurzelfasern, das Innere aus Federn, Wolle und Haaren besteht, wählt er abgeköpfte Weiden- und andere Bäume, wenig tiefe Baumlöcher, Mauerlöcher, Oeffnungen in Gebäuden, Zäunen, Lauben oder Hecken, wo es überwachsene Pfosten und

Stumpfen giebt. Die Höhe des Nestes beträgt 5 bis 15 Fuß, selten mehr. Die 4 bis 6 Eier sind blaß, blau- oder weißgrün, selten grasgrün mit einigen dunkelgrauen Flecken, über welchen sodann eine schöne rothbraune marmorartige Zeichnung steht, welche meist am stumpfen Ende reichlicher angebracht und oft mit etlichen verflossenen ölbrauen Flecken gemischt ist. Brütezeit im Juni. S. Fig. 58.

d) Schwarzgrauer Fliegenschnäpper, Muscicapa muscipeta. Lebt in vielen Laubhölzern Teutschlands; baut sein schlecht gewobenes Nest, welches aus starken Halmen, Wurzeln, Moos und Insektengespinnsten besteht, niedrig in Pflanzenbüsche oder auf die bloße Erde bei irgend einer Hervorragung des Bodens, und legt im Mai 4 bis 6 Eier, welche blaßblaugrün, violett und rothbraun gefleckt sind. S. Fig. 61.

e) Kleiner Fliegenschnäpper. Muscicapa parva. Lebt in den Wäldern Osteuropa's, sehr selten in den teutschen Wäldern, und nistet zwischen Baumstämme oder Baumäste.

f) Der Halsbandfliegenschnäpper. Muscicapa albicollis. Lebt in den Laubhölzern Thüringens und Tyrols und gleicht im Uebrigen dem gemeinen Fliegenschnäpper. Die Eier sind sehr sparsam, aber blaßröthlich gefleckt, welche Flecken oft vom spitzen Ende ausgehen. S. Fig. 59.

3. Die Grasmücke.

a) Die Nachtigall. Sylvia luscinia. Lebt in den teutschen Gärten und Laubhölzern an buschreichen Orten und vorzugsweise an Flußufern; macht das Nest, welches kunstlos aus dürren Baumblättern, Gräsern und trocknen Wurzeln gefertigt und im Innern mit wenigen Haaren und Wollfäden bekleidet ist, in dichtem Gebüsch oder hohem Grase nicht weit von dem Erdboden, auch unmittelbar auf demselben, und legt jährlich 1, auch 2 Mal, im April oder Mai 4 bis 6 olivengraugrüne, kaum bemerkbar braun gespritzte Eier. S. Fig. 105.

b) Der Sprosser, große Nachtigall. Sylvia philomela. Bewohnt Ungarn, Polen und Schlesien und gleicht in der Fortpflanzung der vorhergehenden. S. Fig. 104.

c) Die schwarzköpfige Grasmücke, Mönch, Klosterwenzel, Afternachtigall. Sylvia atricapilla. Ziemlich häufig in ganz Teutschland in Gärten und Wäldern, in Laub- und Nadelbüschen brütend, so wie in Hecken, auf Blumenbüschen und im Dorngesträuch; macht ein festes, halbkugelförmiges Nest aus Reisern, Grasstengeln und Haaren und legt im Mai und im Juni 4 bis 6 bräunlichweiß- oder röthliche Eier mit grauen und braunen oder röthlichen, theils verflossenen Flecken, auf welchen sich dunkelbraune Strichelchen, Schnörkel und Punkte befinden. S. Fig. 126.

d) Die graue Grasmücke, das Weißkehlchen, Dornreich. Sylvia hortensis. Bewohnt die Gärten und mit Laubbäumen und Gebüsch bewachsenen Orte im wärmern und gemäßigten Europa. Macht in Wäldern, Gehölzen und Hecken auf Gesträuchen ein sehr dünnes und leichtes Nest aus zarten Grashalmen und Pflanzenstengeln, innen mit weichen Gräsern, Moos und Raupenlarven ausgekleidet; und legt zu Ende des Frühjahrs 5 bis 6 weiße oder gelblichweiße Eier mit verflossenen braunen Flecken, dunkelbraunen Düpfeln und Strichelchen. S. Fig. 125.

e) Die Sperbergrasmücke, der gesperberte Sänger. Sylvia nisoria. Bewohnt die an wasserreichen Stellen stehenden Gebüsche in Ostteutschland, nistet in Wäldern und Gehölzen, auch in Hecken in der Nähe der Wälder. Das Nest ist leicht gebaut, fast immer in Dornengesträuch und dem der grauen Grasmücke sehr ähnlich. Legt 4 bis 6 weiße, aber von der marmorartigen braunen oder röthlichen Zeichnung fast ganz bedeckte Eier. S. Fig. 124.

f) Gemeine graue Grasmücke, Heckenschmätzer, Sylvia cinerea. Lebt in Feldhölzern, Laubwäldern, Hecken und Gebüschen Teutschlands, nistet niedrig und häufig in Dornbüschen und hohen Gräsern, und macht hier nahe an der Erde ein ziemlich tiefes Nest aus dürren Halmen und Pflanzenstengeln, welches im Innern mit trocknen Grasrispen, sehr feinen Hälmchen und etlichen Pferdehaaren ausgelegt ist. Legt im April und im Juni 4 bis 6 schmutzig hellgrüne Eier mit grauen und schwarzbraunen Punkten. S. Fig. 127.

g) Kleine graue Grasmücke, kleiner Heckenschmätzer, Müllerchen, Zaunsänger. Sylvia curruca. Gemein in ganz Teutschland. Nistet in dichten Fichtenbüschen, in Wäldern und Feldern, besonders im Dorngebüsch; baut das Nest leicht und dünn aus feinen Hälmchen, Pflanzenstengeln und Wurzelfasern, mit eingemischten Insektengespinnsten und einer Ausfütterung von Pferdehaaren und Schweinsborsten. Legt im Mai 4 bis 6 weiße Eier mit grauen und braunen Flecken und Punkten. S. Fig. 128.

h) Grüner Laubvogel, Waldlaubsänger. Sylvia sibillatrix. Wohnt in den meisten Ländern des südlichen und gemäßigten Europas. Nistet auf freien Stellen großer Nadel- oder gemischter Waldungen, meist auf spärlich bewachsenem Boden. Das Nest steht in Heidekraut, an Baumstumpfen oder im Wurzelgestrüppe, und ist aus denselben Materialien wie bei dem Fitis und dem Weidenzeisig gebaut, mehr oder weniger stark überwölbt, mit weitem Flugloche und gleicht in der Farbe vollkommen dem Orte, wo es angebracht ist. Er legt 5 bis 7 weiße Eier, größer als die des Weidenzeisigs und des Fitis, und sehr schön dunkelrostfarben gespritzt, am stumpfen Ende meist kranzförmig gezeichnet. S. Fig. 129.

i) Der Fitis, Wisperling. Sylvia fitis. Bewohnt Gärten und mit Laubbäumen besetzte Orte, besonders Birkenwälder, im wärmern und gemäßigten Europa. Das Nest ist überwölbt, findet sich an den Orten, wie das des Weidenzeisigs, doch viel versteckter und oft unter dichtem Gestrüpp verborgen. Brütet des Jahres 2 Mal 5 bis 7 weiße Eier mit leichten schmutzigrothen, meist am stumpfen Ende häufigern Flecken aus. S. Fig. 130.

k) Weidenzeisig, grüne Grasmücke, Weidenlaubsänger, Sylvia Trochilus. Lebt vorzugsweise in lichten und gemischten Berg- und Fichtenwäldern Teutschlands. Das Nest ist backofenförmig überwölbt, besteht aus grünen und dürren Halmen, Blättern und Moos, ist mit Haaren, Wolle oder Federn ausgefüttert, hat an der Seite den Eingang und steht an freien Stellen unter Gras und Heidepflanzen in einer natürlichen Vertiefung des Bodens, meist am Rande der Waldstellen. Legt jährlich zwei Mal 4 bis 6 weiße Eier mit grauen und schwarzbraunen Flecken. S. Fig. 131.

l) **Bastard-Nachtigall, Gelbbrust, grüngelbe Grasmücke, gelber Laubsänger.** Sylvia hippolais. Bewohnt die Laubhölzer, Gärten und laubtragenden Gebüsche Teutschlands. Sie macht an sumpfigen Orten, zwischen Aesten der Bäume und Sträucher von mittlerer Höhe, ein festgebautes, weißes, papierartiges Nest aus trocknen Pflanzen, Larvenhüllen, Wolle, Federn, Bastfasern und Birkenrinden, welche zu einem kugeligen Napfe vereinigt und sowohl in- als auswendig sehr geschickt und glatt zusammengearbeitet sind. Legt zu Anfang des Sommers 4 bis 5 schön fleischfarbene oder tief rosenrothe Eier mit schwarzbraunen Punkten und Tropfen. S. Fig. 132.

m) **Der Flußsänger.** Sylvia fluviatilis. Er bewohnt die Ufer der Donau, ist im mittlern Teutschland sehr selten und nistet an dicht bewachsenen Flußufern. Das Nest steht 1 bis 2 Fuß über der Erde, entweder hart am Wasser oder in geringer Entfernung von demselben, und ist wie bei dem Schilfsänger (S. phragmitis), aber fast aus lauter Halmen verfertigt. Legt im Juni 4 bis 5 schmutzigweiße Eier, sie sind marmorirt, meist mit sehr großen einzelnen, unterhalb rothgrau, oben olivengrün gefärbten Flecken; die Eier gleichen in der Größe denen des folgenden, sind aber nicht leicht mit den Eiern anderer Schilfsänger zu verwechseln. S. Fig. 133.

n) **Der Heuschreckenschilfsänger,** Sylvia locustella. Bewohnt die an Dornbüschen reichen, feuchten Laubhölzer, die mit Gebüsch, Rohr und Schilf bewachsenen Teichufer Nordteutschlands und nistet fast immer versteckt, 1 bis 2 Fuß über dem Boden, in einem Dornbusche. Das Nest ist hoch, ziemlich tief, mit einwärts gebogenem Rand an den

Seiten um die es umgebenden Stengel geflochten und aus Blättern, Halmen, feinen Grasrispen, Insektengespinnsten und Pflanzenwolle verfertigt. Legt im Juni 4 bis 5 grünlichweiße Eier, mit dunkelgrauen Düpfeln, hellern und dunklern olivenfarbigen Flecken marmorirt, so daß die Flecken sich stellenweise kranzförmig häufen und einen Theil der Grundfarbe frei lassen. S. Fig. 134.

o) Der drosselartige Schilfsänger oder Drosselsänger, Sylvia turdoides. Findet sich, den hohen Norden ausgenommen, über ganz Europa verbreitet, und vorzüglich häufig an schilfreichen Fluß- und Seeufern. Nistet 2 bis 3 Fuß hoch vom Wasserspiegel im dichtesten Rohrgebüsch und macht sein Nest aus denselben Materialien, wie der Teichrohrsänger, nur ist es dicht gefilzt und tief und die Wände desselben werden von den Rohrhalmen durchbohrt. Ende Juni legt er 4 bis 6 bläulich weißgrüne Eier, mit grauen und olivbraunen Flecken und Punkten übersäet. Es sind die größten unter allen Schilfsängereiern. S. Fig. 135.

p) Der Teichrohrsänger, Rohrschirf, Sylvia arundinacea. Bewohnt die reichlich mit Rohr bewachsenen Ufer der Wassergräben, Seen, Teiche und Flüsse. Das Nest ist hoch, hat einen dicken Filz, eine tiefe Höhlung, einen einwärts gebogenen Rand, besteht aus dürren Halmen, Pflanzenstengeln, Moos, Pflanzenwolle und Insektengespinnsten, ist mit feinen Grasrispen, oft auch mit einigen Pferdehaaren ausgelegt, an den Seiten an Rohrhalme befestigt und stets nur in frischem Rohr über dem Wasser angebracht, oft ganz frei auf einigen Halmen, 2 bis 4 Fuß hoch, unter welchen die Wellen sich bewegen, während der Wind oft das Nest bis nahe gegen die Wasserfläche hinabbiegt. Er legt zu Ende des Juni 4 bis 6 grau- oder blaugrüne, violettgrau oder schwarzgrau gefleckte, über und über olivgrün, ölgelb und dunkelgrün marmorirte Eier, welche bald gleichmäßig gezeichnet, bald am stumpfen Ende mit einem dichten Kranze versehen sind. S. Fig. 136 u. 137.

q) Der Sumpfschilfsänger. Sylvia palustris. Lebt in ganz Teutschland, wo die mit Schilf bewachsenen Ufer der Flüsse, Teiche und Wassergräben mit vielem niedern Weidengebüsch abwechseln, selbst auf Raps-, Hanf- und Weizenäckern, welche rohr- und weidenreiche Wassergräben haben. Das Nest gleicht dem des Heuschreckenschilfsängers, ist aber besser gebaut und außen glätter, steht 2 bis 3 Fuß über trocknem Boden in einem Pflanzen- oder Weidenbusche, an dem es mit den Seiten befestigt ist; oft hat es auch eine Unterstützung in der Mitte, und man findet es auch häufig ganz nahe am Wasser. Er legt zu Ende des Juni 4 bis 6 Eier, welche bläulich weißgrün, grün und olivbraun marmorirt, auch mit grauen und schwarzbraunen Zeichnungen versehen, und denen des Heuschrecken- und Teichrohrsängers oft sehr ähnlich sind. S. Fig. 138.

r) Der Schilfsänger, Rohrsänger. Sylvia phragmitis. Lebt und brütet im mittlern und östlichen Teutschland an solchen Stellen, wo Sümpfe und Moräste von Gräben durchschnitten sind, wo niedriges Weiden- oder Erlengebüsch vorhanden ist und Seggen, Binsen und Sumpfwolfsmilch wachsen, nicht im eigentlichen Rohr. Das Nest steht stets in oder über sumpfigem Boden, nicht über $1\frac{1}{2}$ Fuß hoch, ist leicht an Pflanzenstengel oder Halme, die es umgeben, befestigt, tief, nicht fest gefilzt und aus dicken Halmen, Wurzelfasern und Moos verfertigt, im Innern mit feinen Halmen, Pferdehaaren und Vogelfedern, auch Thier- und Pflanzenwolle ausgelegt. Legt gegen Ende Juni 4 bis 6 grünlichbraune Eier mit gelbröthlichem Schein und verflossenen Spritzflecken; die Färbung ist bald stärker, bald sehr blaß, die Zeichnung am stumpfen Ende oft mehr gehäuft und nicht selten mit grauen Düpfeln und schwarzen Punkten und Strichelchen gemischt. S. Fig. 139.

s) Der Riedgrasschilfsänger oder Seggensänger. Sylvia cariceti. Bewohnt das nördliche und mittlere Teutschland und nistet in mit niedrigem Weidengebüsch und Seggen bewachsenen Brüchen und Sümpfen; bringt das Nest 1 bis 2 Fuß hoch vom Boden in einer Seggenkufe an und befestigt es seitlich an die Rohrstengel; es ist außerhalb rauh und besteht aus dürren Halmen, Wurzeln und Pflanzenstengeln mit Insektengespinnsten und Pflanzenwolle gemischt; im Innern bildet es einen kleinen, aber tiefen Napf, der sehr platt mit Pferdehaaren ausgelegt ist. Zu Ende des Mai legt er 4 bis 5 olivgelbgraue Eier, welche über und über gespritzt sind, aber so, daß Grund- und Zeichnungsfarbe wenig von einander absticht. Letztere ist oft gegen das stumpfe Ende kranzartig angehäuft und das Ei stets mit wenigen schwarzen Punkten und Zügen versehen. S. Fig. 140.

t) Der Wasserschilfsänger oder Binsensänger. Sylvia aquatica. Lebt mehr im wärmern, als im nördlichen Europa, in Sümpfen und an stehenden Gewässern und nistet meist am Ufer, wo niedriges Buschwerk, Binsen und hohes Gras Dickichte bilden. Baut ein dem Schilfsänger sehr ähnliches Nest und legt im Juni 4 bis 5 Eier, welche kleiner, aber ähnlich gezeichnet sind, als die des Schilfsängers, doch sind die Spritzflecken meist stärker, und auf graugrünem Grunde bräunlich olivgrün, unterhalb mit schwarzgrauen Punkten gemengt. S. Fig. 141.

u) Der Weidenschilfsänger, Rohrschmätzer, Rohrgrasmücke. Sylvia salicaria. Man trifft ihn den Sommer hindurch in Europa in schilfreichen Gegenden. Er macht im Schilf und niedrigen Gebüschen am Wasser, nahe an der Oberfläche, ein großes, weites Nest aus Grashalmen, Haaren und Wolle, und legt 5 bis 6 weiße, olivgrün gesprenkelte Eier.

v) Das Rothschwänzchen, Gartenrothschwanz. Sylvia phoenicopterus. In ganz Europa. Nistet zwei Mal, im April und im Juni, in Baumhöhlen, Mauer- und Wandlöchern, Holzstößen und unter Dächern, wo es aus Heu, Federn und Haaren ein schlecht gebautes Nest für die 5 bis 8 schön blaugrünen Eier macht. S. Fig 107.

w) Der schwarze Hausrothschwanz, Stadtrothschwänzchen, Wistling, Mauernachtigall. Sylvia Erithacus. Bewohnt die Dörfer und Städte des mittlern Teutschlands und nistet in Löchern von Bäumen, Mauern, Felsen und Gebäuden, in Steinhaufen, Brunnenfutteralen und zwischen Fensterladen, meist in Städten und Dörfern, seltner im Freien. Das Nest ist schlecht gebaut und besteht aus dürren Halmen, Würzelchen, Haaren, Federn, Borsten, Wolle, ꝛc. Legt im April und Juni 4 bis 7 Eier, welche frisch vom durchscheinenden Inhalte sanft fleischfarben, später rein weiß sind. S. Fig. 108.

x) Das große Rothschwänzchen, Steindrossel, Steinamsel. Sylvia saxatilis. Findet sich in gebirgigen Gegenden des südlichen und südöstlichen Europas, seltner in der Schweiz und im südlichen Teutschland. Nistet in Höhlungen von Felsen, alter Gebäude und Ruinen und macht ihr Nest aus Reisern, Moos, Halmen, Wurzelfasern und kleinen Blättern, manchmal leicht mit Haaren ausgelegt, und legt 2 Mal 4 bis 6 blaugrüne Eier, welche an Größe denen der blauen Steindrossel (Turdus cyanus) gleichkommen, aber weniger lebhaft sind.

y) Das Blaukehlchen, Wassernachtigall. Sylvia suecica. Gehört in Teutschland zu den Zugvögeln. Macht auf der Erde oder in niedrigem Buschwerk in der Nähe des Wassers ein Nest aus dürren Halmen und Moos, innen mit Thierhaaren ausgelegt. Legt im Mai und im Juni 4 bis 6 blaugrüne, manchmal bräunlich, aber kaum bemerkbar gespritzte Eier. S. Fig. 103.

z) Das Rothkehlchen. Sylvia rubecula. In ganz Europa, den hohen Norden ausgenommen. Nistet in Feldern und Wäldern, auf Laub- und Fichtengebüschen, oder auf der bloßen Erde in einer kleinen Vertiefung an Rainen und Flußufern, unter überhängendem Rasen, seltener in Mauern oder Baumlöchern. Das Nest besteht aus Reisern, Halmen, Pflanzenstengeln und dürren Blättern, inwendig aus Würzelchen und Haaren, oft mit einigen Federn vermengt. Legt Ende April's oder Anfangs Mai, und Ende Mai's oder Anfangs Juni 4 bis 7 Eier, welche im Neste in den verschiedenen Färbungen abgebildet sind und deren Grundton weißlich gelbroth ist, mit verschieden gestalteten röthlichen Flecken und Düpfeln, denen oft einige graue beigemischt sind. S. Fig. 106.

4. Der Steinschwätzer.

Saxicola. Die Steinschwätzer leben an freiern Orten, nisten nicht im Gebüsch, sondern in Löchern, und bauen schlechte Nester.

a) **Braunkehlchen, Kohlvogel, Todtenvogel.** Saxicola rubetra. Lebt in ganz Teutschland; nistet auf Wiesen im Grase, häufig an einem Busche, macht sein Nest aus Halmen, etlichen Blättern, Wurzelfasern und Moos mit einer Ausfütterung von Thierhaaren, und legt Anfangs Juni 5 bis 7 weißgraue, am dicken Ende bläulich gefleckte Eier.

b) **Schwarzkehlchen, Strauchsteinschwätzer.** Saxicola rubicola. In ganz Teutschland an trocknen, bergigen Gegenden. Das Nest ist an Abhängen an einen Gras- oder an einen andern niedern Pflanzenbusch, auch in Felsen- und Mauerlöcher, und wie beim vorigen gebaut. Legt im Mai 4 bis 6 blaßblaugrüne Eier mit einigen braunen feinen Punkten am stumpfen Ende. Oft sind solche Punkte auch über das ganze Ei verbreitet, aber mit der Grundfarbe so verflossen, daß sie von dieser kaum zu unterscheiden sind. S. Fig. 123.

c) **Weißkehlchen, teutscher Weißschwanz, Steinpicker.** Saxicola oenanthe. In freien Gegenden des hügeligen Teutschlands, auch auf Ebenen. Macht das schlecht aus feinen Halmen, Queckenstengeln, Wurzelfasern, einigen Thierhaaren und etwas Pflanzenwolle verfertigte Nest in einer Höhlung in Felsen, Mauern, Steinhaufen, Holzbeugen, in Erdhöhlen, unter überhangendem Rasen, in Fahrgleisen, unter Erdschollen, auf alten verkrüppelten Baumstämmen, sowohl im Felde, als auf freien Waldplätzen. Legt im Mai 5 bis 6 blaugrüne Eier, selten mit einigen bräunlichen Punkten oder Strichelchen gegen das stumpfe Ende gezeichnet. S. Fig. 122.

5. Das Goldhähnchen.

a) Das saffranköpfige Goldhähnchen, Weidenzeisig, Zaunschlupfer. **Regulus crococephalus.** Es hält sich das ganze Jahr hindurch in ganz Europa auf und nistet nur in Nadelholzwäldern, wo es sein Nest in Manneshöhe, oft auch höher, an den äußersten Enden der Zweige sehr versteckt anbringt, besonders gern auf Tannen und Fichten. Das Nest ist ziemlich groß, kugelig und dick gefilzt, besteht auswendig aus Insektengespinnsten, Pflanzenwolle, Flechten und Erdmoos, welche Dinge ihm eine grünliche Farbe geben, und ist inwendig mit Federn und Wollhaaren ausgefüttert. Es legt Ende April und Ende Juni 6 bis 11 schmutzig-weiße oder fleischfarbene Eier mit zarten braunen Pünktchen oder Flecken. S. Fig. 155.

b) Das feuerköpfige Goldhähnchen, **Regulus pyrocephalus.** Bewohnt die Nadelwälder des Voigtlandes, des Thüringer Waldes und die wärmern Gegenden Europas. Das Nest ist ziemlich hoch und verborgen, am Ende dichter Fichten- und Tannenzweige aufgehängt, etwas mehr länglich, als beim vorigen, aber aus denselben Materialien gebaut. Legt am Ende des Frühjahrs und Sommers 6 bis 10 Eier, welche um weniges kleiner und röthlicher gefärbt sind, als beim vorigen. S. Fig. 156.

6. Der Zaunkönig.

Zaunschlüpfer, Schneekönig. Troglodytes verus. Lebt in ganz Europa, besonders in gebirgigen Waldgegenden, und nistet in Felsenspalten, Steinklüften, Hohlwegen, Erdlöchern, unter Baumwurzeln, in hohlen Bäumen, Holzstößen, Mauern, in Strohdächern, unter Dachsparren, Brücken, zwischen Zäunen, Dämmen und im Dorngestrüppe. Das Nest ist sehr groß, länglich rund, an den Seiten mit einem Eingangsloche versehen, und aus den verschiedensten Materialien zusammengesetzt; auswendig sind dünne Reiser, feine Halme, dürres Laub und Moos, inwendig meist Federn von Hühnern und Gänsen, oft auch feine Halme und Moos. Legt jährlich 2 Mal 6 bis 11 weiße, mit zarten, oft kaum bemerklichen rothen Punkten besetzte Eier. S. Fig. 142.

7. Der Flüevogel.

Felsenlerche, Alpengrasmücke, Accentor alpinus. Er bewohnt die hohen Alpen Teutschlands, lebt über dem Holzwuchse und nistet in Felsen- und Steinlöchern, auf Felsen und im Gestrüppe. Sein Nest aus Moos, Gras und Wolle, manchmal mit einer Ausfütterung von Thierhaaren, hat die Gestalt einer Halbkugel und enthält im Mai und im Juli 4 bis 6 blaugrüne Eier, welche oft bedeutend, oft auch nur wenig größer sind, als die der Braunelle. S. Fig. 143.

8. Die Braunelle.

Baumnachtigall, braungefleckte Grasmücke. Accentor modularis. In ganz Europa. Nistet im Walde in niedrigem, aber dichtem Nadel- oder Laubgebüsch, im Felde in Büschen, Hecken, Pfahlschragen und auf der Erde an Rainen in einer Vertiefung des Bodens, und macht sein großes und gut gebautes Nest oft allein aus grünem Moose; es ist aber häufiger aus Reisern, Halmen, Moos und Flechten zusammengesetzt. Legt im Mai und im Juli 4 bis 6 blaugrüne Eier, welche aber größer und tiefer gefärbt sind, als die des Gartenrothschwanzes. S. Fig. 144.

9. Die Bachstelze.

Motacilla. Die Bachstelzen lieben die Nähe bewohnter Orte, nisten hoch und niedrig auf der Erde oder in Höhlungen, bauen aus vielen Materialien wenig kunstreiche Nester und legen hellgefärbte, aber dicht bespritzte Eier.

a) Weißbunte Bachstelze, gemeine Bachstelze, Wassersterz, Ackermännchen, Motacilla alba. Ist in ganz Europa zu Hause. Nistet in Löchern von Mauern, Gebäuden und Bäumen, in der Nähe bewohnter Orte, in Mühlen, Ufern, Brücken, Steinbrüchen, Hohlwegen, Holzstößen, Felsenspalten, unter Dächern, Wurzeln und Rasen. Das Nest besteht aus dürren Reisern, Halmen, Moos, Würzelchen, Blättern und Strohhalmen, und hat eine Ausfütterung von Wolle, Haaren, besonders Pferdehaaren, Borsten, Zwirn &c. Legt im April oder Mai und im Juli oder August 4 bis 8 bläulichweiße, blaugrau und braun gespritzte Eier. S. Fig. 102.

b) Graue Bachstelze, gelbes Ackermännchen, Motacilla boarula. Ueberall anzutreffen und ist Art und Bau des Nestes wie bei der vorigen. Legt im April und Juni 4 bis 6 schmutzigweiße, gelblichweiße oder hell gelbbraune, mehr oder weniger abstechend braun gespritzte oder gewässerte Eier. S. Fig. 101.

c) Gelbe Bachstelze, teutsche Schafstelze, Kuhstelze. Motacilla flava. Wird fast in ganz Europa brütend angetroffen. Sie macht ein Nest aus Grashalmen und Wolle im Grase, Getreide, in Erdlöcher und Uferränder, auch in hohle Eichbäume, und legt zu Ende des Frühjahrs 4 bis 6 Eier, welche denen der grauen Bachstelze sehr nahe kommen, aber stets kürzer sind, auch von der Färbung abweichen, welche aber doch immer wieder zu erkennen ist. S. Fig. 100.

10. Die Lerche.

Alauda. Die Lerchen bauen kunstlose Nester an freien Plätzen auf der Erde und legen gewöhnlich 2 Mal, selten 3 Mal, in einem Sommer 4 bis 6 braune, stark bespritzte Eier.

a) Die Heidelerche, Piplerche, Baumpiper. Alauda trivialis. Bewohnt die mit hohem Grase bewachsenen Schläge der Laubhölzer, nistet auf lichten Waldstetten unter niedrigem Gestrüppe, Gras, Heidelbeerbüschen und Heiden, und baut ein Nest aus Würzelchen und dürren Halmen, im Innern mit einem Gelege von Wolle oder Haaren. Legt im Mai 4 bis 5 Eier, deren Grundfarbe weißbräunlich, gelblich violettgrau, fleischfarben oder chocolatenfarben ist, mit theils verwaschenen rothbraunen Flecken unordentlich besetzt, über welchen dunklere Flecken, Punkte, Striche und Schnörkel sich befinden. S. Fig. 97.

b) Die Wiesenlerche, der Wiesenpiper, Alauda pratensis. Ist fast in ganz Europa verbreitet, nistet in sumpfigen Niederungen, auf morastigen Höhen auf der Erde, in Binsen, hohem Grase und unter niedrigen Sträuchern, und baut ein Nest, welches dem des Brachpipers gleicht, nur sind ihm außerhalb Moos und Blätter beigemischt, und im Innern befinden sich fast stets Haare. Legt im April und im Juni 4 bis 6 Eier, welche nach Art der des Brachpipers braun-grau oder gelbbraun gespritzt sind. S. Fig. 99.

c) Die Haubenlerche, Schopflerche, Hollenlerche. Alauda cristata. Sie ist über ganz Europa bis zur Nordgränze verbreitet, lebt im Sommer in Holzungen, Gebüschen, den anstoßenden Feldern, Wiesen und Gärten; im Winter in der Nähe menschlicher Wohnungen, auf Höfen und Landstraßen; nistet unter Gebüsch, neben Erdschollen und Lehmwänden, auch im Getreide und unter hohen Gartengewächsen und macht ein schlechtes, aus Grashalmen, etlichem Moos oder Thierhaaren zusammengesetztes Nest. Sie macht jährlich 1 bis 3 Bruten, im März oder April, im Mai oder Juni und im August und legt 4 bis 6 Eier, welche in der Regel merklich kleiner und eben so gefärbt (mit denselben Abweichungen) sind, wie die der Feldlerche. S. Fig. 92.

d) Die Waldlerche oder Baumlerche, Alauda arborea. Man trifft sie den Sommer hindurch meist in flachen Nadelholzwäldern, weniger in bergigen Laubhölzern, auf Wiesen und Weideplätzen, und im Frühjahr und Herbst auf Haferfeldern Teutschlands an. Sie macht aus dürren Gräsern ein mit Moos, Wolle und Haaren ausgefüttertes Nest unter Wachholderbeersträuchern oder im Heidekraut, auch wohl in Ackerfurchen und Grasrainen, und legt im März oder April und im Juni 4 bis 6 weißgraue, blaugrau getüpfelte und hellbraun gepunktete Eier. S. Fig. 93.

e) Die Feldlerche, Ackerlerche, Saatlerche, Alauda arvensis. Sie ist fast über ganz Europa verbreitet, ausgenommen die dicht mit Wald bedeckten Gegenden, und macht auf der Erde, im Getreide, an Rainen, Wegen, Marksteinen, in Grasbüschen und Heidepflanzen in einer Vertiefung des Bodens ein Nest aus Wurzelfasern und dürren Grashalmen, welche nach innen feiner werden und oft noch eine Ausfütterung von einigem Moos oder Thierhaaren haben. Sie legt im April oder Mai und im Juni, oft auch noch im Juli oder August 3 bis 6 längliche, grüngraue, ins Weißliche oder Rothgelbe ziehende Eier, über und über mit braunen und ölbraunen Flecken gesprenkt, welche gegen das stumpfe Ende immer zahlreicher werden und oft daselbst einen regelmäßigen dichten Kranz bilden. S. Fig. 94.

f) Die Berglerche, Alpenlerche, Schneelerche, Alauda montana. Lebt auf den hoch in waldigen Gebirgen liegenden Schlägen, macht zwischen Heidekraut ein Nest aus dürren Halmen und legt im Juni 5 bräunliche oder grünliche Eier, mit grauen, roth- und dunkelbraunen Flecken dicht bespritzt. S. Fig. 95.

g) Der Brachpiper, Alauda campestris. Er bewohnt die sandigen, mit Nadelhölzern und Aeckern bedeckten Gegenden Teutschlands; nistet auf dürren waldigen Höhen, welche frei von Bäumen sind, und baut ein Nest, welches ein leichtes Geflechte von Würzelchen und feinen Halmen ist und selten eine Ausfütterung von Haaren hat, in einer Vertiefung des Bodens, häufig an einem Gras- oder Heidebusche. Legt im Mai oder Juni 4 bis 7 schmutzigweiße, bräunlich- oder röthlichweiße, über und über gelbbraun oder rothbraun gespritzte Eier. S. Fig. 96.

h) Die Wasserlerche, Wasserpiper, Spinoletta, Alauda aquatica. Lebt paarweise in südlichen bergigen Gegenden bis in Südteutschland, hält sich an stehendem und fließendem Wasser auf, und baut ein aus trockenem Grase oder Wasserpflanzen bestehendes und mit Haaren ausgefüttertes Nest auf dürre Grasstellen, in Felsspalten und zwischen Steinen. Legt im Mai oder Juni 5 Eier, welche nach Art der Eier der Heidelerche gezeichnet, die Grundfarbe aber grau und die größern Flecken grau- und grünlichbraun sind. S. Fig. 98.

11. Die Meise.

Parus. Die Meisen leben an baumreichen Orten, nisten meist in Baumlöchern, bauen warme, einige sehr künstliche Nester, und legen ein oder zwei Mal 5 bis 16 Eier.

a) Kohlmeise, Brandmeise. **Parus major.** Gemein in ganz Teutschland. Sie nistet am häufigsten in Baumlöchern, bald ganz nahe an der Erde, bald sehr hoch; auch in Mauern, Felsen und Gebäuden, sogar im Geflechte von Krähen- und Raubvögelnestern, und macht ihr Nest aus feinen Halmen, Wurzelfasern, Moos, Wolle, Borsten, Haaren und Federn. Legt jährlich zwei Mal 6 bis 14 rein- oder gelblichweiße Eier mit grauen und rothen Düpfeln, von denen erstere oft fehlen und die rothen am stumpfen Ende gewöhnlich häufiger stehen. S. Fig. 145.

b) Tannenmeise, kleine Kohlmeise, schwarzköpfige Meise. **Parus ater.** Lebt in gemischten und Nadelwaldungen des nördlichen und gemäßigten Europas und nistet in Löchern von Laub= und Nadelbäumen, in Mauer=, Felsen=, Stein= und Erdlöchern, selbst in Fahrgleisen und zwischen Wurzeln. Das Nest besteht aus Moos, Haaren, Borsten, Federn, Wolle und Insektengespinnsten, und ist mit Hirsch=, Reh= und Hasenhaaren ausgepolstert. Sie legt im April oder Mai und im Juni 6 bis 10 weiße, fein rothpunktirte Eier. S. Fig. 148.

c) Blaumeise, Pimpelmeise, Jungfernmeise. **Parus coeruleus.** Ist zahlreich in Laubholzwäldern bis in den Norden hinauf, auch in Gärten und an baumreichen Flußufern; nistet hoch in Baum= und Mauerlöchern, macht ein Nest, wie die Kohlmeise, und legt im Mai und im Juni 6 bis 10 weiße Eier mit trübrothen Punkten und einigen Fleckchen. S. Fig. 146.

d) Haubenmeise, Kappenmeise, Schopfmeise. **Parus cristatus.** Lebt in den Nadelwäldern von Europa; nistet in Baumlöchern, Felsenspalten, Steinhaufen, macht ihr Nest aus Moos, Flechten, Wolle und Haaren, und legt im April oder Mai und im Juni 6 bis 10 weiße, kurze, bauchige und sparsam blut= oder rostroth gefleckte Eier. S. Fig. 149.

e) Sumpfmeise, Schwarzplatte, Mönch. **Parus palustris.** Hält sich in Teutschland und Rußland in feuchten Laubwäldern, Gärten und Gehölzen auf, verweilt gern in der Nähe der Teiche, nistet meist niedrig in hohlen Bäumen und macht ihr Nest aus Moos, feinen Pflanzenfasern, Insektengespinnsten, Thier= und Pflanzenwolle und Borsten; im Innern mit Haaren und Federn bekleidet. Legt im April oder Mai und im Juni 6 bis 16 weiße oder schön perlgraue Eier mit grauen und blutrothen Düpfeln, welche bald größer, bald feiner sind, und oft am stumpfen Ende einen Kranz bilden. S. Fig. 147.

f) Rohrmeise, Bartmeise. Parus biarmicus. Lebt während des Sommers in Teutschland, England, doch mehr in den nördlichen Gegenden Europas und Asiens im Rohr und in den Gebüschen der Moräste, Sümpfe und stehenden Gewässer. Macht im Rohr aus Grashalmen und der Wolle der Pappeln, Weiden und anderer Gewächse ein beutelförmiges Nest, welches abgerundet ist und an beiden Seiten ein kreisrundes Loch zum Aus- und Einschlüpfen hat, und legt im Juni 6 bis 8 weiße, rothpunktirte Eier. S. Fig. 152.

g) Schwanzmeise, Schneemeise, Pfannenstiel. Parus caudatus. Sie lebt in Laubhölzern, Gärten und andern mit Laubbäumen besetzten Orten ziemlich einzeln im mittlern Teutschland. Das Nest ist sehr groß, kugelig, beutelartig und wird sowohl auf Feld- als Waldbäumen, besonders auf Birken, Buchen, Erlen, Pappeln, Eichen, Kastanien, Aepfel- und Birnbäumen angelegt, meist in der Achsel eines starken Astes am Stamm, selten im niedrigen Nadelbuschwerk; es gleicht ganz seiner Umgebung und besteht äußerlich aus Insektengespinnsten, Baumrinde, am meisten aber aus zusammengeklebten Baumflechten und ist innerlich mit Federn und Wolle ausgefüllt. Sie legt im April und im Juni 7 bis 18 Eier, welche entweder reinweiß oder mit röthlichen, sehr zarten Punkten theilweise oder ganz, am stumpfen Ende oft kranzartig besetzt sind. S. Fig. 150 und 151.

h) Beutelmeise, Remiz, Pendulin. **Parus pendulinus.** Nistet im östlichen und südlichen Europa, einzeln auch in Teutschland in den Weiden- und Rohrgebüschen der Bach-, Fluß- und Seeufer, wo sie aus Hanffäden, Grashalmen und Bast ein künstliches Nest baut. Es hat die Gestalt eines Beutels oder eines kleinen Filzschuhes, ist 6 Zoll lang und hängt an einem Baumzweige oder Rohrstengel über dem Wasser so versteckt, daß es Menschen und Raubvögel nicht leicht auffinden. Der Eingang dazu besteht aus einer engen Röhre oder einem Halse, mit dem offenen Ende über dem Wasser; durch dieses schlüpft der Vogel hinein, dann in die Röhre aufwärts und nun seitwärts in das Nest, dessen Inneres mit Wolle von Disteln, Rohrkolben, Pappeln und Weidenbäumen weich ausgepolstert ist. Es enthält um die Mitte des Sommers 5 bis 7 reinweiße Eier, welche in 12 bis 15 Tagen ausgebrütet werden. S. Fig. 153 und 154.

Zweite Familie. **Finkenartige Vögel.**
(Tringillaceae.)

Vögel mit kurzem, dickem, kegelförmigem Schnabel und dünnen Schreitfüßen. Machen ihr halbkugeliges Nest auf Bäume, in Häuser, Mauern und andere erhöhte Gegenstände und legen 4 bis 6 Eier.

12. Der Sperling.

Passer. Die Sperlinge leben größtentheils in der Nähe der Menschen und nisten entweder frei auf Bäumen oder und am häufigsten in Löchern der Bäume, Felsen, Mauern, Steine und Gebäude; legen 4 bis 7 weißliche oder grauweiße, dunkelgrau gefleckte Eier und brüten jährlich ein bis drei Mal.

a) Haussperling oder Spatz, **Passer domestica.** Haussperlinge leben überall, wo menschliche Wohnungen sind, im Frühjahr mehr paarweise, im Sommer familienweise und im Winter schaarenweise. Sie nisten jährlich 2 bis 3, oft 4 Mal, im April, Mai, Juni, Juli oder August, und fertigen ein kunstloses, aus Stroh und Heu bestehendes und im Innern mit Federn und Wolle ausgepolstertes Nest in Mauern, Wänden, unter Dächern, Hohlziegeln, Wetterbrettern, auch in Taubenschlägen, aufgehangenen Töpfen und hohlen Aststücken an, oder nehmen dazu Schwalben-, Elster- und Storchnester ꝛc. Die Farbe der 5 bis 8 Eier ist sehr verschieden, so wie auch ihre Form und Größe sehr unbeständig ist. Die Grundfarbe ist grünlich-, bläulich-, gelblich- und graulichweiß, auf dieser sind graue, graubraune und braune, in Form, Größe und Stellung verschiedene Flecken; manche ähneln denen des Feldsperlings, andere denen der weißbunten Bachstelze, des Grünfinken, der grauen und gelben Bachstelze. S. **Fig. 74.**

b) Der Feldsperling, Baumsperling, Rohrsperling, **Passer montana.** Er wohnt in den gemäßigten und kalten Gegenden von Europa, Asien und Amerika, wo er in Feldhölzern, Gesträuchen, Hecken und Gärten zahlreich, doch mehr strichweise als überall verbreitet ist und im Herbst und Winter große Schaaren bildet. Er nistet jährlich 2 bis 3 Mal in hohle Obst-, Weiden- und Pappelbäume, seltner in Fels- und Mauerlöcher, oder in leere Schwalbennester. Das Nest ist schlecht gebaut und aus Heu, Stroh, Halmen, Pflanzenstengeln, Pflanzen- und Wurzelfasern, Haren, Federn, Wolle ꝛc. zusammengesetzt. Die Grundfarbe der 5 bis 7 Eier, welche im April, im Mai oder Juni und im Juli oder August gelegt werden, ist bläulichweiß, gelblich oder röthlichweiß, oft aber kaum zu erkennen, weil sie über und über graubraun gespritzt sind und dann wie Lercheneier aussehen, sich aber in den meisten Fällen durch eine geringere Größe auszeichnen. Andere haben mehr oder minder zahlreiche graue, rostbraune und braune Flecken und eine bedeutendere Größe. S. Fig. 75.

c) Der Waldsperling, Ringsperling, Steinsperling. **Passer petronius.** Lebt mehr in den Wäldern des südlichen Europa und brütet nur einzeln im südlichen und mittlern Teutschland. Er nistet in den Höhlen der Bäume, häufiger aber in tiefen Löchern der Felsen, Steinbrüche und Mauern, auf verfallenen Burgen, auch in hochaufgeschichteten Steinhaufen, meist in ziemlicher Höhe. Das Nest liegt so tief, daß es kaum mit den Armen erreicht werden kann, gleicht dem des Haussperlings, und enthält im Innern viel weiches Material, besonders Federn. Legt im Juni oder Juli 3 bis 5 schmutzig- oder bläulichweiße, grau, braun und dunkelbraun gedüpfelte, gespritzte, gefleckte oder marmorirte Eier. S. Fig. 73.

13. Der Fink.

Fringilla. Die Finken nisten auf Bäumen, in Holz- und Steinlöchern und bauen gute, warme Nester;

haben 1 bis 2 Bruten und legen 4 bis 6 bläuliche, braun gezeichnete Eier.

a) Gemeiner Fink, Buchfink, Rothfink, Fringilla coelebs. Er nistet im größten Theile von Europa in Wäldern und Baumgärten und macht auf Baumzweigen zwischen den Aesten, 4 bis 20 Fuß hoch, ein halbkugeliges, festes Nest aus Baumreisern und Moos, von außen mit Baumflechten mittelst Spinngewebe so künstlich beklebt, daß es von der Baumrinde kaum zu unterscheiden ist; das Innere ist mit Pflanzenwolle, Haaren und Federn weich ausgefüttert. Brütet zwei Mal, im April und im Mai oder Juni, 3 bis 6 blaugraue oder grünblaue Eier mit rothbraunen Brandflecken und dunkelbraunen Punkten, Strichen und Schnörkeln, welche unregelmäßig über das ganze Ei zerstreut sind. S. Fig. 77.

b) Der Bergfink, Tannenfink, Mistfink Fringilla montifringilla. Bewohnt das nördliche Europa, kommt jedoch auch einzeln in den gebirgigen Schwarzwäldern Teutschlands vor. Das künstliche Nest, welches auf Birken und Nadelbäumen, 20 bis 80 Fuß hoch, gut in einer Astachsel verborgen ist, besteht aus Wurzelfasern, Strohhalmen, feinen Pflanzenstengeln, Moos, Pflanzenwolle und Puppenhülsen; die innere Wölbung ist tief und glatt, aus Haaren und Borsten bestehend, außen ist es mit Flechten überkleidet. Die 4 bis 6 Eier sind bläulich- oder weißgrün mit braunen oder röthlichbraunen Flecken, welche nicht zahlreich vorhanden, mehr aber gegen das stumpfe Ende gerückt sind und zum Theil einen dunklern Kern haben. Wahrscheinlich macht er zwei Bruten, da man schon im April Eier findet. S. Fig. 78.

c) Der Schneefink, Fringilla nivalis. Hält sich auf den hohen Gebirgen in Frankreich und der Schweiz, in den Karpathen und am Kaukasus auf, auch einzeln in Teutschland; nistet hoch im Norden, wo der ewige Schnee beginnt; in Löchern von Gebäuden, Felsen, Mauern und Steinen; baut ein Nest aus dürren Halmen und Moos, Federn und Haaren, und legt 4 bis 6 hellgrüne Eier mit grauen Flecken und braunen Düpfeln. S. Fig. 76.

d) Der Stieglitz, Distelfink, Fringilla carduelis. Lebt und brütet in Teutschland in Obstgärten und auf baumreichen Wiesen, und baut sein dichtes, tief gewölbtes und künstliches Nest hoch auf die Gabeln der Bäume aus feinen Halmen, Wurzeln, Moos, Flechten, Haaren und Pflanzenwolle. Legt gewöhnlich nur ein Mal im Jahre 4 bis 6 schwach bläulichgrüne Eier mit grauen, röthlichen Flecken und dunkleren Punkten und Strichen, welche Zeichnungen gegen das stumpfe Ende meist häufiger, oft kranzförmig gestellt sind. Manchmal besteht die Zeichnung auch bloß in braunen Punkten und Schnörkeln. S. Fig. 84 u. 85.

e) Der Zeisig, Erlenfink, Erlenzeisig, Fringilla spinus. Lebt in ganz Europa, nistet in bergigen Nadelwäldern, besonders Fichten, und baut sein Nest auf die Spitzen der höchsten Zweige, wo es durch überhängende Aeste verborgen ist. Das Nest ist kugelig, sehr tief und fest und besteht aus einem dicht in einander geflochtenen Filz von Halmen, Wurzelfasern, Flechten, Moos, Thier-, Pflanzenwolle und Insektengespinnsten, inwendig mit den feinsten Theilen der Wurzelfasern, Moos und Flechten ausgefüttert. Das ganze Nest ist noch umgeben von feinen Nadelreisern, welche gewöhnlich mit Flechten überkleidet sind. Es gibt auch bloß aus Halmen, Wurzelfasern, Flechten und Pflanzenwolle zusammengesetzte Nester. Sie brüten 2 Mal, im Mai und im Juli, und legen 4 bis 6 blaßblaugrüne Eier, welche etwas kleiner, als die des Bergzeisigs, aber auf gleiche Weise mit leichten rothen Punkten besetzt sind; auch die schwarzen Punkte und Schnörkelchen fehlen nicht. S. **Fig. 81.**

f) Der Bergzeisig, Flachsfink, Birkenzeisig, **Fringilla linaria.** Er lebt den Sommer hindurch in sumpfigen Erlen- und Kiefernwäldern im nördlichen Europa, Asien und Amerika, und nur wenige Paare bleiben in Teutschland, welche ihr Nest in hohem Strauchwerk und feuchten Erlenbüschen, etwa 3 Fuß über der Erdoberfläche, anlegen. Das Nest besteht aus feinen Reisern, Halmen, Wurzelfasern, Flechten und Moos und ist inwendig mit Wolle, Haaren, Federn und Insektengespinnsten ausgefüttert. Er legt im Juni 4 bis 5 bleichblaugrüne Eier mit mehr oder weniger deutlichen braunrothen Düpfeln, welche oft am stumpfen Ende kranzförmig angehäuft, häufig auch mit einzelnen schwarzen Punkten und Strichen vermischt sind. S. **Fig. 82.**

g) Der Citronenzeisig, Citrinchen, Citronenfink, Citrill. **Fringilla citrinellus.** Bewohnt die südeuropäischen Gebirge, namentlich die südliche Schweiz, kommt sehr selten im eigentlichen Teutschland vor, und brütet vorzugsweise in gebirgigen Schwarzwäldern, aber auch in Baumgärten, Gehölzen und Alleen auf Laubbäumen. Das Nest ist sehr klein und halbkugelförmig, von rundem oder länglichem Umfange, steht auf knorrigem krüppelhaft gewachsenem Nadelholze 5 bis 10 Fuß hoch, auch auf Laubbäumen, und sitzt in der

Regel da, wo die Krone anfängt, stets am Stamme in der Achsel eines abgebrochenen Astes oder auf einem dichten Knorren; es besteht aus feinen Reisern, zarten Pflanzenstengeln, Halmen und etwas Moos, die innere Lage aus Haaren, Thier- und Pflanzenwolle und vielen Federchen. Er legt anfangs Juni 4 bis 5 rein- oder schmutzigweiße, seltner ganz blaß grünlichblaue Eier mit wenigen blaßrothen und verwaschenen Flecken, welche oft am stumpfen Ende einen Kranz bilden und mit einzelnen schwarzen Punkten besetzt sind. Die Eier sind fast immer stark bauchig und an einem Ende eng zugespitzt. S. Fig. 83.

h) Der Hänfling, Leinfink, Bluthänfling, **Fringilla cannabina.** Gemein in Europa. Nistet jährlich zwei Mal, im März oder April und im Juni, oft auch noch das dritte Mal im Juli oder August, in lichten Waldungen und Feldern auf Laub- und Nadelbüschen, auch in dicht zusammengebundenen grünen Nadelholzzweigen, welche man im zeitigen Frühjahr auf hohe Gartenbäume steckt. Das Nest ist aus Wurzeln, Grashalmen und Moos gebaut und mit Haaren und Wolle ausgefüttert. Er legt 4 bis 6 grünlich-blaue Eier mit stärkern und schwächern braunrothen und violettröthlichen Flecken, welche am stumpfen Ende meist kranzförmig stehen. S. Fig. 79.

i) Der Berghänfling, **Fringilla flavirostris.** Lebt im nördlichen Europa, wandert nach Teutschland und Holland, und ist die Fortpflanzung unbekannt. Die Zeichnung Fig. 80 ist nach Thienemann.

k) Grüner Hänfling, kleiner Grünfink, Girlitzzeisig. **Fringilla serina.** Hält sich mehr im südlichen Europa auf, und kommt im Frühjahr nach Teutschland, um hier in Gärten und Laubhölzern, vorzüglich in Buchwäldern, zu nisten. Er setzt auf die untern Aeste der Obstbäume und Buchen, 5 bis 6 Fuß über der Erde, sein Nest, welches aus feinen Wurzeln und Baummoos künstlich angefertigt und im Innern mit Federn, Borsten und Haaren weich ausgefüttert ist, und legt anfangs Juni 4 bis 5 weiße, blaß grünblaue, am dicken Ende braungefleckte Eier. S. Fig. 70.

l) Grünling, großer Grünfink, Gelbhänfling, Fringilla chloris. Lebt in Teutschland, und überhaupt in Mitteleuropa, in Laubwäldern, Gehölzen und Gärten. Das Nest steht gewöhnlich auf einem dicken Aste nah am Stamme, seltner auf Weidenköpfen oder in dickem Gebüsche, und besteht aus Halmen, Wurzeln, Moos, Flechten, Haaren, Wolle und Federn. Brütet zwei Mal, im April oder Mai und im Juni, jedes Mal mit 4 bis 6 bläulichweißen, violettgrau und röthlich gefleckten, roth- und schwarzbraun gedüpfelten Eiern. S. Fig. 72.

m) Der Dompfaff, Gimpel, Blutfink, Fringilla pyrrhula. Man trifft sie im Sommer meist paarweise, im Winter familienweise in den gebirgigen Waldungen von ganz Europa, den hohen Norden ausgenommen, an. Das Nest, welches er 2 bis 20 Fuß hoch auf Laub- und Nadelbäumen und im Nadelgebüsch anlegt, besteht aus Reisern, Wurzelfasern, etlichen Halmen und Flechten, und ist mit Thierhaaren ausgekleidet. Er brütet gewöhnlich zwei Mal, im April oder Mai und im Juli, und legt 4 bis 5 lebhaft grünblaue Eier mit sparsamen rothbraunen und schwarzbraunen Düpfeln und Strichen, erstere fehlen oft ganz. S. Fig. 69.

n) Kernbeißer, Kirschfink, Dickschnabel. **Fringilla coccothraustes.** In ganz Europa zu Hause. Er nistet am liebsten im Laubholz und im Hochwalde, besonders auf Birken, Eichen und Buchen, seltner im Nadelholze. Das Aeußere des Nestes besteht aus Baumrindenstückchen, zarten Reisern und Flechten, weshalb es sehr dem Stamme gleicht und schwer zu entdecken ist; die innere Lage ist von feinen Würzelchen, Haaren, Borsten und Wolle gebildet, und der eigentliche Filz besteht aus Moos, Wurzeln, Flechten und Halmen. Dieses Nest steht bald in den Astgabeln hoher Buchen und Obstbäume, bald nur 8 bis 15 Fuß hoch. Meist nur eine Brut; legt im Mai 3 bis 5 grünweiße oder graugrüne Eier mit grauen, braunen und schwarzbraunen Schnörkeln, welche bald über das ganze Ei ausgebreitet, bald am stumpfen Ende kranzförmig in einander geschlungen sind. S. **Fig. 71.**

o) Fichtenkernbeißer, Fichtengimpel, **Fringilla enucleator.** Er bewohnt die nordeuropäischen Nadelwälder, kommt nur zuweilen nach dem nördlichen Teutschland; baut auf niedriges Nadelholz und Baumäste ein ziemlich dichtes Nest aus Reisern, Halmen und Mooszweigen, mit Wolle und Federn ausgefüttert, und legt im Juni 3 bis 5 weiße, bläulich- oder grünlichweiße Eier mit einzelnen grauen, ziegelrothen oder schmutzig blutrothen Flecken, welche am stumpfen Ende häufig zahlreicher sind; dazwischen stets einige dunkle Punkte. Die größte Aehnlichkeit haben die Eier mit denen des rothköpfigen Würgers, sind aber gestreckter und von einem andern Roth. S. **Fig. 68.**

14. Der Kreuzschnabel.

Krinitz. Loxia curvirostra. Er ist am häufigsten in den nördlichen Gegenden Europas, doch auch noch ziemlich häufig im südlichen Teutschland, an Orten, wo es viele hohe Fichten gibt, auf deren Gipfel er sein Nest anlegt, welches bald nahe am Stamme, bald auf den Gabelästen steht, immer aber so, daß es noch von Zweigen überhangen wird; es ist groß, rund, tief, stark gewölbt und dicht gefilzt, und besteht aus Fichtenreisern, welche fast immer mit Erdmoos, seltner mit Halmen oder Pflanzenstengeln untermischt und mit Baumflechten mehr oder weniger überflochten sind; im Innern besteht es aus noch zärtern Flechten, selten mit Halmen oder Wurzelfasern gemischt. Beim Bauen ist nur das Weibchen thätig, welches mit dem ersten Ei schon zu brüten anfängt. Die 3 bis 4 Eier, welche in 14 bis 15 Tagen ausgebrütet werden, sind von der Größe der Sperlingseier und gewöhnlicher Form, doch in beiden so wechselnd, als man es bei den Sperlingen findet, sind stets sehr blaß, grauweiß, blauweiß oder bläulichgrün, mit kleinen rundlichen Flecken, Punkten, Strichelchen und kleinen Schnörkeln nicht sehr dicht, doch am stumpfen Ende oft häufiger und kranzförmig besetzt. Man trifft aber nicht immer alle Arten der Zeichnung auf einem Ei, sondern bald nur Flecken und Punkte, bald Punkte, Striche ꝛc. Die Zeichnungen sind grau und braungrau, häufiger röthelfarben, mennigroth, leicht oder stark blutroth, hellbraun, rothbraun, schwarzbraun, schwärzlich oder dunkelviolett, aber ebenfalls nicht alle Farben an einem Ei vereinigt. Schon im Januar und im December, so wie in allen dazwischenliegenden Monaten gibt es brütende Kreuzschnäbel. S. Fig. 67.

15. Die Ammer.

Emberiza. Die Ammer leben in dem an die Felder und Wiesen oder Schläge stoßenden Gebüsch, nisten in Feldern und Gebüschen, oft auf der bloßen Erde, und bauen große, ziemlich gute Nester, worin sie jährlich 1 bis 3 Mal 4 bis 6 Eier legen.

a) Ortolan, Gartenammer, teutscher Fettammer. Emberiza hortulana. Ortolane halten sich im südlichen Europa auf, von wo aus zu Anfange des Monats Mai Familien nach Süd- und Mittelteutschland kommen, und hier auf der Erde im Getreide, oder in Hecken und Buschwerk der Gärten und Felder ein kunstloses, mit Borsten und Pferdehaaren ausgelegtes Nest aus Wurzeln und Grashalmen machen, und 4 bis 6 Eier legen, welche fast den Goldammereiern mit schmutzigweißer und bräunlichfleischfarbener Grundfarbe gleichen und auf dieser schwarzbraune Schnörkel und Punkte haben, während sie aber in der Form merklich geringer sind und die kurze bauchige Form vorherrschend ist. Manchmal findet man auch Eier, welche über und über heller und dunkler rothbraun gespritzt sind mit dunklern Punkten und Strichen. S. Fig. 88.

b) Grauammer, Gerstenammer, große Ammer, Emberiza miliaria. Ist häufig im nördlichen, seltner im südlichen Teutschland, und hält sich in den Feldern der Niederungen, auf Wiesen, an Wegen und auf niedrigen Bäumen, im Winter vor den Scheuren und auf Viehhöfen auf; nistet in einzelnen Büschen an Gräben, im Grase, nahe an der Erde, doch nicht auf derselben. Das Nest ist wie bei dem Goldammer, aber schlechter gebaut. Er legt zwei Mal, im April und im Juni, 4 bis 6 schmutzig-, röthlich- oder gelblichweiße Eier mit braunen, rothgrauen, grauen, violettgrauen, rothbraunen, und schwarzbraunen Flecken, Punkten und Schnörkeln, so jedoch, daß nicht alle diese Farben an einem Ei vorkommen. S. Fig. 86.

c) Goldammer, Emmerling, **Emberiza citrinella.** In ganz Teutschland gemein. Nistet in Feldern, an Waldrändern und Flußufern im Gebüsch, nahe über der Erde oder auf derselben, auch im Wurzelgestrüppe unter überhängenden Rainen. Das Nest ist halbkugelig, bildet einen tiefen Napf und besteht aus dürrem Laub, verschiedenen Pflanzenstengeln, Strohhalmen und Wurzelfasern, viele Nester bestehen bloß aus letzteren; die innern Wände werden durch feine Halme, Pferdehaare und Schweinsborsten gebildet. Er legt im April, im Juni und oft zum dritten Male im August 4 bis 5 Eier, deren Grundfarbe rein weiß, schmutzigweiß, gelblichweiß, blaßmeergrün, braunröthlich, fleischfarben, violettröthlich ist, welche theils durch eine reine Anlage, theils durch gänzlich in einander geflossene Flecken gebildet wird. Die Zeichnung besteht in grauen Flecken, welche nicht sehr zahlreich sind und oft ganz fehlen; dagegen fehlt nie jene schöne Zeichnung mit braunen und schwarzbraunen Flecken, Punkten und Schnörkeln, welche oft über das ganze Ei verbreitet sind, oft aber am stumpfen Ende einen sehr regelmäßigen Kranz bilden. S. Fig. 87.

d) Rohrammer, Rohrsperling. **Emberiza schoeniclus.** Lebt an den schilf- und rohrreichen Teichen

Teutschlands und des größten Theiles von Europa, und nistet nur in der Nähe von Sümpfen oder Wasser, an den dicht mit Rohr, Weiden und Erlengebüsch bewachsenen Ufern, aber nie in reinem Rohr oder in hochaufgeschossenem Buschwerk. Das Nest ist nahe am Boden auf von Zweigen überwachsenen und von Gras und Schilf umgebenen Stumpfen, auf der Sumpfwolfsmilch, in einer Gras- oder Schilfkufe, wo es überall gut versteckt ist, und besteht aus Halmen und Pflanzenstengeln, ist schlecht gebaut, tief gewölbt und im Innern mit Thierhaaren, Pflanzenwolle oder zarten Hälmchen ausgelegt. Legt im Mai und Juli 4 bis 6 sehr kleine, grauweiße, aschgraue, braungraue Eier; violettgrau oder graugrün ist die stark aufgetragene Grundfarbe, unter ihr scheinen gewöhnlich graue verwaschene Flecken und Haarzüge durch, über derselben aber stehen schwarze Punkte, Tropfen und Schnörkel, seltner rothbraune Brandflecken mit dunklem Kern. S. Fig. 91.

e) Zaunammer, Heckenammer, Zirl, Emberiza cirlus. Lebt in den südeuropäischen Gebirgsgegenden, hält sich den Sommer hindurch in Waldgebirgen und Vorhölzern Südteutschlands auf, und macht ihr Nest in dichtem Gebüsch und in Hecken, besonders an Fluß- und Bachufern, welches wie das der Goldammer gebaut ist, aber viel Laub und Moos beigemischt enthält. Legt im April oder Mai und im Juni 4 bis 6 perlweiße, blaß und verflossen graublau gefleckte Eier mit hellrothbraunen und schwarzbraunen Punkten, Strichelchen und Schnörkeln, welche am stumpfen Ende oder in der Mitte fast immer einen Kranz bilden, ohne daß dabei die Zeichnungen auf der übrigen Fläche fehlen. S. Fig. 89.

f) Schneeammer, Schneelerche, Emberiza nivalis. Lebt im hohen Norden, macht auf den hohen nordischen Gebirgen, in Felsenspalten, die oberhalb der Schneegrenze liegen, ein Nest aus Gras, Moos, Federn und Haaren, und legt 4 bis 5 weiße, braungefleckte Eier.

g) Bergammer, schwarzköpfige Ammer. Emberiza montana. Lebt im nördlichen Europa und Asien und hat alles Uebrige mit dem Schneeammer gemein.

h) Zipammer oder Wiesenammer. Emberiza cia. Diese Ammern wohnen meist paarweise in südeuropäischen Gebirgsgegenden und nur wenige halten sich den Sommer hindurch in südteutschen Gebirgen, in Vorhölzern und Gebüschen auf. Das Nest, welches dem Goldammerneste gleicht, ist nahe an der Erde im Buschwerk oder Getreide. Legt 4 bis 5 schmutzig- oder gelblichweiße Eier mit verflossenen grauen Flecken und schwärzlichen Schnörkeln; sie sind in der Regel kleiner, als die Eier der Gold- und Zaunammer. S. Fig. 90.

Dritte Familie. **Langflügler.** (Longimanae.)

Meist kleine Vögel mit langen Flügeln und kurzem, schmalem Schnabel.

16. Der Ziegenmelker.

Nachtschwalbe. Caprimulgus europaeus. Er bewohnt die teutschen Nadelwälder, besonders solche, welche Teiche und Wiesen in sich oder in der Nähe haben. Er baut kein Nest, sondern legt im Juni 2, seltener 1 Ei, in eine zufällige Vertiefung des Bodens, in Gesträuch oder auf einen

Baumstumpf auf freien Plätzen und ausgehauenen Waldstellen. Die Eier sind schmutzigweiß oder blaßgelblich fleischfarben mit vielen grauen und braunen Zeichnungen. Das Grau besteht stets in theils vereinzelten, theils zu Gruppen vereinigten Flecken; eben so ist es häufig mit dem Braunen, das aber manchmal sehr blaß ist und in lauter kreuz und quer laufenden Strichen besteht, welche Zeichnungen über das Ei ziemlich gleichmäßig vertheilt sind. S. Fig. 28.

17. Die Mauerschwalbe.

Thurmschwalbe. Hirundo apus. Lebt im größten Theile von Europa, nistet in Städten und Dörfern gebirgiger Gegenden, und zwar meist in Gesellschaft. Die Form des Nestes richtet sich ganz nach dem Loche, in welchem es sich befindet, und der Vogel wählt hierzu die Spalten in Gebäuden, besonders der Mauern, Ruinen, Kirchen und Thürme, die Löcher in Balken und Brettern in und unter Dächern, selbst in hohlen Eichen; das Nest besteht größtentheils aus Halmen, denen im Innern Federn, im Aeußern oft Blattstückchen beigegeben, welches Alles durch einen zähen Schleim des Vogels verbunden ist. Sie legt im Juni meist 3, seltener 2 oder 4, reinweiße Eier. S. Fig. 30.

18. Die Hausschwalbe.

Hirundo urbica. Lebt häufig in den meisten Städten und Dörfern des mittlern Teutschlands, ziemlich hoch auf den Gebirgen hinauf. Sie nistet an denselben Orten, wie die Rauchschwalbe, kommt auch in ihrer Fortpflanzungsweise mit jener überein, legt jedoch ihr Nest stets außen an Gebäuden unter Gesimsen und Dächern, oft in Menge und hart neben einander an. Es hat manchmal eine Ausfütterung von Federn und besteht bloß aus zusammengeklebter Erde ohne eingemengte Hälmchen; sie legt 4 bis 6 rein weiße Eier. S. Fig. 32.

19. Die Uferschwalbe.

Hirundo riparia. Sie bewohnt die Flußufer des mittlern Teutschlands, nistet in Mauern, Brücken, Berg- und Felsenwänden, in den steilen Ufern der Bäche und Flüsse, gräbt sich hier über 1 Fuß lange, hinten erweiterte Löcher, baut in ihnen ein Nest von Grashalmen und Federn und legt 4 bis 6 reinweiße Eier. S. Fig. 33.

20. Die Rauchschwalbe.

Hirundo rustica. Bewohnt die Dörfer und Städte Teutschlands, ist im mittlern Teutschland die gewöhnlichste Schwalbe, baut in Ställen, Hallen, Kirchen, Hausfluren, unbewohnten Zimmern, unter Dächern ein oben offenes Nest aus feuchter Erde, welche durch eingemengte Stroh- und Grashalme, so wie durch den klebrigen Speichel des Vogels zusammengehalten wird, füttert es mit Halmen und Federn aus, und legt 4 bis 6 längliche, weiße Eier mit blaugrauen, rostbraunen und schwärzlichen Punkten, am zahlreichsten am stumpfen Ende. Zwei Bruten, im Mai und Juli; müssen sie aber erst ein Nest bauen, so fällt die erste Brut in den Juni, die zweite in den August, und bei schlechtem Wetter unterbleibt letztere ganz. S. Fig. 31.

21. Die Alpenschwalbe.

Hirundo melba. Bewohnt Tyrol, die Schweiz, die Küsten des Mittelmeeres entlang und die teutschen Alpen, legt im Juni in Felsenritzen oder auf Thürme in ein Nest aus Halmen, Fäden, Blatt-, Papier- und Leinwandabfällen, durch den vertrockneten Speichel zusammengeleimt, 2 bis 4 reinweiße Eier. S. Fig. 29.

Vierte Familie. **Baumkletterer.**
(Certhiaceae.)

Neidische, wenig gesellige und meist einzeln oder paarweise lebende Vögel mit langem, schmalem, pfriemenartigem, mehr oder weniger gebogenem Schnabel und langer, wurmförmiger Zunge.

22. Der Immenwolf.

Europäischer Bienenfresser. **Merops Apiaster.** Er bewohnt das nördliche Afrika und Asien, so wie das südliche und östliche Europa, und wurde einzeln selbst im südlichen Teutschland brütend angetroffen. Sein Nest legt er gesellschaftlich in den Löchern steiler Ufer, Lehm- und Sandwänden an, und es besteht in einer mehre Fuß tiefen Röhre, welche am Ende backofenförmig erweitert ist und eine schwache Unterlage von Moos und Hälmchen enthält; auf dieser liegen die 5 bis 7 glänzend weißen, stark abgerundeten Eier, welche oft ganz kugelförmig sind und im Mai und Juni gelegt werden. S. Fig. 34.

23. Der Mauerspecht.

Mauerläufer. Certhia muraria. Er lebt vorzugsweise auf den Alpen Tyrols und Kärnthens bis ins südliche Teutschland. Er nistet hoch in den Ritzen und Löchern steiler Felsen und in den Mauern hoher Burgruinen, wo er tief in den Höhlungen aus Halmen, feinen Pflanzenstengeln, Wurzeln und Bastfasern, Moos und Insektengespinnsten sein Nest anlegt, solches mit Haaren, Wolle und dergl. ausfüttert und im Juni 4 bis 6 rundliche weiße Eier darein legt. S. Fig. 56.

24. Der Baumläufer.

Certhia familiaris. Er lebt in den Wäldern, Gehölzen und Baumgärten, selbst in der Nähe menschlicher Wohnungen, in fast ganz Europa. Sein weiches, halbkugelförmiges Nest, welches aus zarten Reisern, Blättern, Holzsplittern, Pflanzenfasern, Moos und Insektengespinnsten, die innere Ausfütterung aus Haaren, Wolle, Insektengespinnst, Moos, Flechten, Leinfasern rc. besteht, macht er in die Spalten und Löcher der Bäume, Wohnungen und sonstigen Holzwerks. Er brütet 2 Mal, im April und im Juni oder Juli. Die 3 bis 9 Eier sind weiß, röthlich gespritzt und meist am stumpfen Ende mit einem Kranze geziert. S. Fig. 55.

25. Die Spechtmeise.

Kleiber, Blauspecht. Sitta europaea. Lebt in ganz Europa und nistet in Wäldern und Baumgärten, meist hoch oben in den Höhlen der Aeste von hohen Bäumen. Die Oeffnung zu solchen Nesthöhlen ist nie größer, als daß sie dem

Vogel gerade den Durchgang gestattet, und findet er sie zu groß, so verklebt er sie bis auf den nöthigen Raum mit Lehm. Das Nest besteht nur aus einer schlechten Unterlage von Nadeln und Blattstückchen, auf welche im April oder Mai 6 bis 9 weiße, spärlich grau, reichlicher roth und rothbraun gedüpfelte Eier gelegt und in 14 Tagen ausgebrütet werden. Die Düpfel oder Punkte sind entweder gleichmäßig über das ganze Ei verbreitet, oder sie bilden am stumpfen Ende einen schönen, mehr oder minder dichten Kranz. S. **Fig. 54.**

Vierte Ordnung.

Klettervögel, spechtartige Vögel.
(Scansores, Picariae.)

Sämmtliche Vögel dieser Ordnung zeichnen sich durch einen sehr langen und bei den meisten Arten eckigen Schnabel aus; bei andern, namentlich bei ausländischen, ist der Schnabel sehr dick, zum Theil auch zellig und leicht. Bei den meisten Vögeln dieser Ordnung stehen zwei Zehen nach vorn und zwei nach hinten; bei einzelnen Arten sind 3 Vorderzehen. Die Stimme ist rauh und heiser, weil am untern Kehlkopfe die Gesangmuskeln fehlen.

Erste Familie. **Knorpelzüngler.** (Lipoglossae.)

Diese Familie bildet eine natürliche Vermittlung zwischen den Baumkletterern und Spechten. Von den Zehen sind 3 nach vorn und 1 nach hinten gerichtet.

1. Der Wiedehopf.

Upupa Epops. Er ist über einen großen Theil von Europa verbreitet, und nistet in den Niederungen, wo es feuchte, gemischte oder Laubwaldungen giebt, welche Wasser, Felder und Viehweiden und viele freie, mit einzelnen Bäumen besetzte Plätze haben. Sein Nest legt er in den Höhlen von Bäumen, Mauern und Felsen, hinter Rainen und Wurzelwerk, oft auf der bloßen Erde an einem Baumstamme an; besonders liebt er solche Baumhöhlen, wo wie z. B. in den abgeköpften Weiden, die faul gewordene Erde eine natürliche Unterlage für die Eier bildet. Ist dieses aber nicht der Fall, so trägt er ein Gelege von Halmen, Kuhmist und Wurzelstückchen zusammen. Die Nesthöhle stinkt in den meisten Fällen sehr nach dem Kothe der Vögel, mit welchem oft die Jungen ganz bedeckt sind, da ihn die Alten nicht entfernen. Im Mai legt er 4 bis 7 braungraue, grüngraue oder olivgrünliche Eier, welche bald von gewöhnlicher Form, bald und meist sehr lang sind. S. Fig. 57.

2. Der Eisvogel.

Gemeiner Eisvogel. Alcedo ispida. Bewohnt nicht nur einen großen Theil von Asien und Afrika, sondern lebt auch an den Bächen und Flüssen des mittlern Teutschlands. Er nistet auf dieselbe Weise, wie der Immenwolf, in selbst gegrabenen, am Ende erweiterten Röhren in den bewachsenen Ufern stehender und fließender Gewässer, liebt jedoch die Gesellschaft nicht, sondern brütet einsam, und bereitet sich ein Nest bloß aus einer Unterlage von Fischgräten und verschiedenen Theilen von in der Nähe des Wassers lebenden Insekten; man findet darin im Mai oder Juni 5 bis 11 glänzend weiße, rundliche Eier, welche sich von denen des Immenwolfs bloß durch die geringere Größe unterscheiden. S. Fig. 35.

3. Der Hauben-Eisvogel.

Alcedo cristata. Gleicht in der Fortpflanzung ganz dem vorhergehenden.

Zweite Familie. **Spechtartige Vögel.** (Picinae.)

Vögel, deren Zehen mit krummen Nägeln besetzt sind.

4. Der Specht.

Picus. Diese Vögel sind auf der ganzen Erdoberfläche verbreitet und es leben in Teutschland und Europa 8 Arten, welche die Gegend ihrer Geburt nicht verlassen. Sie sind scheu, ungesellig, leben meist paarweise und nisten in Baumlöchern.

a) Schwarzspecht. **Picus martius.** Lebt im nördlichen und gemäßigten Europa in gebirgigen Schwarzwäldern, welche alte Bäume haben, und in gemischten Waldungen. Sein Nest legt er 30 bis 100 Fuß hoch in einer selbstverfertigten, tiefen und glattausgehauenen Baumhöhle an, welche er oft mehre Jahre nach einander bezieht und die in einem abwärtssteigenden Gange besteht, der am Ende kesselförmig erweitert ist. In dieses Nestloch legt er im Mai oder zu Ende April 3 bis 6 kleine, glänzendweiße und birnförmige Eier. S. Fig. 48.

b) Grünspecht oder grüner Erdhacker. Picus viridis. Nistet in ganz Europa in Laub- und Nadelwäldern, in Gehölzen und Baumgärten. Vorzüglich liebt er den Niederwald und das Laubholz. Das Nest befindet sich in einer selbstverfertigten Höhle kernfauler Bäume, besonders Eichen, 10 bis 20 Fuß hoch. Er legt im Mai 6 bis 8 reinweiße Eier. S. Fig. 52.

c) Buntspecht. Picus major. Nistet in ganz Europa, doch häufiger in den nördlichen Theilen, im Laub-, vorzüglich im Nadelholze. Das Nestloch steht 15 bis 20 Fuß hoch und enthält im Mai 4 bis 6 glänzendweiße Eier. Man erkennt den Baum bei diesem, wie bei andern Spechten, häufig an den umherliegenden Holzspänen, indem manche zwar mehre Jahre das alte Nest beziehen, aber doch fast jedes Mal beim Ausbessern neue Späne aushauen. S. Fig. 49.

d) Weißspecht. Picus medius. Bewohnt die teutschen Laubwälder, kommt aus ihnen in die Gärten und nistet in gemischten und Laubwaldungen. Macht das Nest in Baumlöcher, 15 bis 60 Fuß hoch, im Stamm oder in den Aesten, und legt am Ende des Frühjahrs 5 bis 7 glänzend weiße Eier. S. Fig. 50.

e) Grasspecht. Picus minor. Lebt in den nördlichen und mittlern Theilen Europas. Nistet 10 bis 60 Fuß hoch in verschiedenen Laubbäumen der Gärten und Wälder. Die 5 bis 7 Eier gleichen in der Größe denen des Wendehalses, haben aber einen überaus starken Glanz. S. Fig. 51.

f) Dreizehiger Specht. Picus tridactylus. Nistet im Norden von Europa, einzeln auch in den gebirgigen Nadelwaldungen der Schweiz und des südlichen Teutschlands.

Nesthöhle ziemlich hoch in Tannen, Fichten, und Kiefern mit 4 bis 5 Eiern, welche denen des Weißspechts gleichen.

5. Der Wendehals.

Jynx torquilla. Lebt in den Waldungen und Baumgärten von Europa und Asien, liebt aber den reinen Nadel- und Gebirgswald nicht, sondern zieht die von vielen freien Stellen durchschnittenen Laub- oder gemischten Wälder der Niederungen, wo es zugleich Wiesen und Aecker gibt, vor. Seine Nesthöhle ist bald höher bald tiefer in einem Baumloche, in welches selten eine Unterlage von Wurzeln und Blättern zusammengetragen, sondern fast stets die Eier ohne eine solche gelegt werden, welches im Mai oder Juni geschieht; die 6 bis 11 Eier sind weiß, frisch, aber von dem durchscheinenden Dotter leicht fleischfarben, etwas glänzend, was sich jedoch später verliert. S. Fig. 53.

Dritte Familie. **Kuckuksartige Vögel.**
(Cuculinae.)

Vögel mit Kletterfüßen, an deren Zehen scharfe Nägel sitzen. Sie halten sich alle, mit Ausnahme des gemeinen Kuckucks, außerhalb Europa auf.

6. Der gemeine Kuckuck.

Cuculus canorus. Der Kuckuck bewohnt Nordasien und ganz Europa bis Schweden, und liebt besonders solche gemischte oder Laubwaldungen, welche in der Nähe viele Felder und Gebüsche haben. Nach Teutschland kommen sie in kleinen Zügen gegen Ende des April, halten sich dann auf Wiesen in

Gebüschen auf, und vertheilen sich nachher in Paare, von denen jedes einen bestimmten Bezirk in Gebüschen und Gehölzen an feuchten Oertern einnimmt, und darin kein anderes duldet. Wegen der großen Gefräßigkeit, und weil sich die Eier langsam entwickeln, kann der weibliche Kuckuck seine 5 bis 6 runden, weißlichen, mit gelbem, blauem oder grauem Grunde, grünlichen und röthlichen Flecken und Punkten gezeichneten Eier, von der Größe der Nachtigalleier, nicht selbst ausbrüten. Er legt vom Anfange des Monats Juni in jeder Woche 1 Ei in das fertig gewordene Nest eines kleinen Singvogels, der Grasmücke, Bastardnachtigall, Bachstelze, des Rothkehlchens, Zaunkönigs ꝛc., wenn ein solcher Vogel das letzte Ei gelegt hat. Alle diese Vögel entfernen sich sogleich vom Neste, wenn das Kuckucksweibchen erscheint, hüpfen und flattern so lange um dasselbe, bis es das Ei gelegt hat, wobei öfters die früher im Neste gelegenen Eier, vorzüglich der kleinen Vögel, wie des Zaunkönigs, herausgeworfen werden. Nachher übernehmen die kleinen Vögel das Geschäft, dieses große Ei in längerer Zeit, als die eigenen Eier nöthig hatten, auszubrüten, und dabei das Nest zu vergrößern. Sobald der junge Kuckuck etwas erwachsen ist, flattert er auf einen nahen Baumzweig und läßt sein kreischendes Geschrei hören. Sogleich beeilen sich alle in der Umgegend befindlichen kleinen Singvögel, dem großen Fresser Nahrungsmittel zuzutragen, um seinen steten Hunger zu stillen. Auch folgen sie ihm von einem Baum zum andern so lange nach, bis er selbst für seine eigene Ernährung sorgen kann. Nur durch diesen Naturtrieb wird es dem kleinen Zaunkönigpaare möglich, das Riesenstiefkind zu ernähren, was es für sich allein nicht vermöchte. Um die

Mitte des Monats August ziehen die alten Kuckucke in südliche Länder, 4 Wochen später folgen ihnen die jungen nach. — Glaubt man, daß immer nur 1 Ei in einem Neste vom Kuckucke liege, so irrt man sehr: man hat 2, 3 und 4 Eier in Staarnestern, ja man hat in einem solchen sogar die ausgebrüteten 4 vollkommenen Jungen gefunden, welche gänzlich aufgefüttert wurden. S. Fig. 36.

7. Der rothbraune Kuckuck.

Cuculus rufus. Gleicht in der Fortpflanzung dem vorhergehenden und scheint den nördlichen Gegenden anzugehören.

Fünfte Ordnung.

Scharrvögel.

(Rasores.)

Das Vaterland der meisten Arten von den Vögeln dieser Ordnung ist in warmen Ländern, wo sie sich sehr vermehren, doch ist ein großer Theil gezähmt und als Hausgeflügel überall verbreitet. Fast alle Arten bauen kunstlose Nester, meist auf der Erde oder auf wenig erhöhten Flächen.

Erste Familie. **Taubenartige Vögel.**

(Columbinae.)

Die Tauben bewohnen die Wälder, Gebirge, Felsen, Thürme und Taubenschläge, bauen schlechte Nester auf oder in

Bäume, auf oder in Felsen, oder auf Balken und Bretter, und legen jährlich 2 bis 3 Mal 2 Eier.

1. Die Ringeltaube.

Große Holztaube. Columba palumbus. Lebt in Gehölzen und Wäldern von ganz Europa, seltener in Gärten. Das Nest ist 10 bis 100 Fuß hoch auf Bäumen, besonders im Nadelholze und besteht aus einem losen Gelage von Reisern und Baumzweigen, und hat beinahe keine Höhlung; oft benutzt sie auch verlassene Eichhörnchen- oder Krähennester. Legt im April und im Juni 2 weiße Eier. S. Fig. 157.

2. Die Holztaube.

Wilde Taube. Columba oenas. Bewohnt die teutschen Laub- und Nadelhölzer, besonders die Buchenwälder, und nistet im Felde, häufiger aber in Wäldern in hohlen Bäumen, wo sie zum Neste einen Haufen Reiser, Pflanzenstengel, Wurzeln und dürre Blätter zusammenträgt und im April, Juni und August jedes Mal 2 weiße Eier legt. S. Fig. 158.

3. Die Haustaube.

Feldtaube. Columba domestica. Lebt in Teutschland nur in Taubenschlägen; verwildert auf Thürmen, Schlössern und alten Burgen, und brütet jährlich 6 bis 8 Mal, jedesmal 2, selten 1 oder 3 Eier, binnen 16 bis 18 Tagen aus. — Durch lange Zähmung sind viele Abweichungen in der Farbe und Körpergestalt entstanden, deren Fortpflanzung sich aber gleich bleibt.

4. Die Turteltaube.

Columba turtus. Bewohnt die Vor- und Feldhölzer, auch baumreichen Flußufer in den wärmern und gemäßigten Theilen Europa's, und nistet in Gehölzen und Waldungen, in deren Nähe es fließendes Wasser gibt und die vieles Gebüsche haben, wo sie ihr Nest stets im Dickicht, bald auf den Gipfel des Stammes selbst, bald auf einen abstehenden Ast, 10 bis 20 Fuß hoch, anlegt. Das Nest ist flach und besteht in einer leichten Lage von Wurzeln, Heidekraut, dürren und grünen Reisern. Sie legt im Mai und im Juli 2 weiße Eier. S. Fig. 159. u. 160.

Zweite Familie. **Hühnerartige Vögel.** (Gallinaceae.)

Die Vögel dieser Gattung halten sich meist auf der Erde auf und besitzen keine große Flugkraft.

5. Der Auerhahn.

Urhahn. **Tetrao urogallus.** Ist häufig in den gebirgigen waldreichen Gegenden Teutschlands. Das Huhn macht auf der Erde zu Anfang Mai's im hohen Grase ein leichtes Nest aus trocknen Stengeln und Laub und legt darein 8 bis 12 Eier, welche einen blaß ockergelben Grund und viele gelbbraune, weniger schwarzbraune Düpfel haben und binnen 3 bis 4 Wochen ausgebrütet werden. S. Fig. 161.

6. Das Birkhuhn.

Tetrao tetrix. Bewohnt vorzüglich die großen ruhigen Waldungen in den kalten nördlichen Gegenden; wird häufig aber auch in einigen Gegenden Teutschlands, der Schweiz und Tyrols angetroffen, und liebt die mit Buschwerk, Heide und hohen Bäumen vermischt bewachsenen Waldungen, und zieht die Birkenwälder allen übrigen vor. Legt Mitte Mai in ein aus Reisern, Grashalmen und Federn auf der Erde in hohem Grase oder jungen Baumschlägen bereitetes Nest 6 bis 10, höchstens 16 Eier von einem blaßockergelben Grund mit vielen gelbbraunen Flecken und Punkten. S. Fig. 162.

7. Das Haselhuhn.

Tetrao bonasia. Bewohnt die großen einsamen Gebirgswaldungen, und liebt vorzüglich solche, worin Laub- und Nadelholz von verschiedener Größe unter einander steht und viel Haselgebüsch befindlich ist. Die Henne legt im Monat Mai unter Haselbüsche, Brombeerstauden, Heidekraut, zwischen Steinen, auf einer schlechten Unterlage von Blättern und Grashalmen 1 bis 12 röthlich braungelbe mit rothbraunen Flecken und Punkten besetzte Eier. S. Fig. 163.

8. Das Schneehuhn.

Bergschneehuhn. Tetrao lagopus. Bewohnt nur ganz kalte Länder und die Schneegebirge in den sonst gemäßigten Gegenden, lebt im Sommer über dem Holzwuchse und kommt im Winter tiefer herab. Es legt das aus einigen dürren Blättern, Halmen und Moos bestehende Nest unter einem Felsen, zwischen Gerölle, seltener unter Gesträuchen an, und legt 7 bis 12 ockergelbe Eier mit dunklen ockergelben und braunen Flecken und Punkten. S. Fig. 164.

9. Das Morastschneehuhn.

Tetrao subalpinus. Es bewohnt besonders Skandinavien und hält sich an moorigen, mit Birken- und Weidengebüsch bewachsenen, nicht allzu hoch und der Küste nahliegenden Plätzen auf. Das Nest ist eine Vertiefung mit etwas dürrem Laub und Grashalmen, öfters auch mit eigenen Federn ausgelegt, und ist unter Heidelbeergesträuch oder Zwergweiden angebracht. Die 9 bis 12 Eier haben einen graugelben Grund mit graubraunen Düpfeln und röthlich dunkelbraunen Flecken und Punkten. S. Fig. 165.

10. Das Rebhuhn.

Graues Feldhuhn. Perdix cinereus. Wird im gemäßigten Europa überall angetroffen, und legt in eine kleine Vertiefung, die mit trocknen Grashalmen, Blättern x. ausgefüttert ist, unter Büschen an Waldsäumen, in Weizenäckern, Erbsenäckern, Kleefeldern und auf Wiesen, zu Anfang des Monat Mai 10 bis 18 grünlichgraue Eier. S. Fig. 168.

11. Das Berghuhn.

Rothes Rebhuhn, Rothhuhn. Perdix rufus. Lebt paarweise auf den Hochgebirgen im südlichen Europa bis in Südteutschland und begibt sich im Winter in die Thäler. Legt in das Getreide und unter Büsche in eine bloße Vertiefung, die inwendig mit trocknen Pflanzentheilen ausgelegt ist, 14 bis 18 lichtrostgelbe Eier mit vielen rostbraunen, theilweise zusammenhängenden Punkten und Flecken. S. Fig. 167.

12. Das Steinhuhn.

Perdix saxatilis. Auf den Hochgebirgen der Schweiz und Tyrols nicht selten. Nistet an steilen Orten unter Felsenstücken und Gesträuchen. Das Nest besteht aus einer Vertiefung, welche mit Blättern und trockenen Pflanzenhalmen ausgelegt ist. Von der Mitte des Juni an werden in das Nest 12 bis 15 Eier gelegt, die eine blaßrostgelbe Grundlage und sehr viele kleine dunkelrostgelbe oder blaßrostfarbige Flecken und Punkte haben. S. Fig. 166.

13. Die Wachtel.

Perdix coturnix. In ganz Europa bis in das mittlere Schweden verbreitet. Nistet in das Getreide und in das Gras, besonders gern in Erbsenäcker, und macht kein Nest, sondern scharrt nur eine kleine Vertiefung in die Erde, die mit dürren Grashalmen und sonstigen Pflanzentheilen ausgekleidet ist. In der Mitte Mai findet man 8 bis 16 gelbliche, braun oder schwarz gefleckte Eier, welche sehr abändern. S. Fig. 169.

14. Der gemeine Fasan.

Phasianus colchicus. Liebt das milde Klima, und kommt in kalten Gegenden nicht fort; steht gern in buschigen Feldhölzern, besonders wenn mit Bächen versehene Wiesengründe in der Nähe sind, und hält sich gern an der Sommer-

oder Mittagsseite der Hügel auf. Er balzt im April und legt 10 bis 20 olivengraue Eier.

Sechste Ordnung.

Laufvögel.

(Cursores.)

Landvögel mit kurzen Flügeln und hohen starken Lauffüßen, welche schnell laufen, aber nicht gut oder gar nicht fliegen können. Sie machen ein einfaches Nest auf der Erde.

Erste Familie. **Trappenartige Vögel.**
(Alectorides.)

1. Der große Trappe.

Gemeiner Trappe. **Otis tarda.** Lebt und brütet in den getreidereichen Ebenen Teutschlands. Das Nest ist eine in die Erde gescharrte Vertiefung, welche nur mit einigen Halmen ausgelegt ist, und enthält im Mai 2 bis 3 graugrüne oder schmutzig blaugrüne Eier mit grauen, braunen und dunkelbraunen Flecken, Düpfeln und Strichen. Sie sind nicht größer, wohl aber häufig kleiner, als das Ei einer zahmen Gans. S. Fig. 170.

2. Der dickknieige Trappe.

Otis oedicnemus. Bewohnt die gemäßigten Gegenden von Europa und lebt meist auf unfruchtbaren Triften; zieht im October weg und kehrt im April zurück. Als Nest dient eine Dölle im Sande. Im Mai findet man 2 bis 3 blaßgelblich braungrüne oder weißlich braungelbe Eier, welche mit grauen, oliv- und dunkelbraunen Flecken, Düpfeln und Strichen reichlich besetzt sind und in 16 bis 18 Tagen ausgebrütet werden. S. Fig. 171.

Siebente Ordnung.

Watevögel, Sumpfvögel, Stelzenläufer.

(Grallatores, Amphibolae.)

Diese Vögel bilden den Uebergang von den Luftbewohnern zu den Wasservögeln, und man theilt sie nach der Länge der Füße und dem Baue des Schnabels in die drei Familien der reiherartigen, schnepfenartigen und hühnerartigen Sumpfvögel.

Erste Familie. **Reiherartige Sumpfvögel.**

Die Vögel dieser Familie leben in Sümpfen, Brüchen, Morästen und an Seeufern und machen große kunstlose Nester.

1. Der Flamingo.

Phoenicopterus ruber. Bewohnt die Küsten des Mittelmeeres und kommt in sehr heißen Sommern zuweilen bis in Südteutschland. Sein Nest baut er aus Schlamm an einsame Oerter in Sümpfe und seichtes Wasser, gibt ihm eine Höhe von 2 Fuß über der Wasserfläche, oben mit einer Vertiefung, in der die 2, selten 3 länglichen, schmutzigweißen Eier auf einer Lage von Wasserpflanzen sich befinden. Diese Nestkegel sind so hoch erbaut, daß der Vogel die Eier reitend ausbrüten kann.

2. Der Löffelreiher.

Weiße Löffelgans. Platalea leucorodia. Lebt im südlichen und östlichen Europa und kommt nur selten nach Teutschland. Nistet entweder einzeln oder in Gesellschaft auf hohen Bäumen oder in dem Schilf auf einem Busch. Das sehr breite Nest besteht aus dürren Reisern und Halmen, inwendig aus dürren Blättern, Schilf und Binsen. Legt 2 bis 3, seltner 4 weiße Eier, mit gelbbraunen und ziegelrothen größern und kleinern Flecken leicht bestreut. **S. Fig. 185.**

3. Der Fischreiher.

Gemeiner Reiher, grauer Reiher. Ardea major. Gemein in Teutschland. Nistet in Gesellschaft und macht sein Nest auf hohe Eichen, Buchen, Erlen, Föhren und auf andere hohe Waldbäume, am liebsten in der Nähe des Wassers. Das Nest besteht unten aus dürren Reisern mit Rohrstengeln, dürrem Gras und Stroh, und liegen die 3 bis 4, selten 5 ovalen, spangrünen Eier auf Federn, Wolle und Haaren. S. Fig. 182.

4. Der Purpurreiher.

Ardea purpurea. Bewohnt die schilf- und rohrreichen Gewässer Hollands, kommt nur zuweilen nach Teutschland und macht das Nest mitten in Sümpfen in einem dichten Rohr- oder Schilfbusche aus dürren Rohrstengeln, Schilf, Binsen, inwendig aus dürrem Gras, Stroh und Rohrrispen, und legt 3 bis 4 grünlichblaue Eier, welche kleiner als die des vorigen sind. S. Fig. 183.

5. Der Nachtreiher.

Ardea nycticorax. Bewohnt die schilf- und rohrreichen Fluß-, See- und Teichufer, Brüche und Sümpfe des südöstlichen Europa, der Schweiz und des südlichen Teutschlands. Nistet selten nahe an der Erde in Sümpfen, öfter auf Weidenköpfen und hohen Bäumen, macht das Nest aus dürren Reisern, inwendig mit trocknen Blättern von Schilf und Gras ausgefüttert, und legt 4 bis 5 sehr blaß blaugrüne Eier.

6. Die gemeine Rohrdommel.

Ardea stellaris. Man trifft sie paarweise in schilfreichen Sümpfen, an den Ufern fließender und stehender Gewässer in Europa bis in Schweden an. Nistet auf trocknen Anhöhen in Sümpfen, macht das Nest aus trocknen Rohrstengeln und Schilf, inwendig aus dürren Rohrblättern, Binsen und öfters auch aus dürrem Grase, und legt im Mai 3 bis 4, seltner 5 graugrüne Eier.

7. Die kleine Rohrdommel.

Ardea minuta. Lebt in Nordafrika und Südeuropa und kommt im Sommer nach Teutschland. Das Nest steht entweder auf alten Rohrbüschen oder auf ungeknicktem Rohr und Schilf, ist aber dann schwebend; höchst selten schwimmt es auf dem Wasser, und besteht aus trocknen Rohrstengeln, Binsen und Blättern von Schilf, inwendig mit denselben, aber feinern Stoffen ausgefuttert. Sie legt im Mai oder Juni 3 bis 4, seltner 5 weißlich blaugrüne Eier. S. **Fig. 184.**

8. Der weiße Storch.

Gemeiner Storch. **Ciconia alba.** In ganz Europa. Das Nest ist sehr groß und flach, besteht unten aus dürren Reisern, dazwischen oft Rasenstücke, hierauf folgen feinere Reiser, dann als Unterlage für die Eier Stroh, dürre Grashalme, Haare, Borsten, Federn, Papierstückchen und sogar Mist, und wird auf den Dächern hoher Häuser, auf Thürmen, Pappeln, Erlen, Eichen und selbst auf Nadelholz angebracht. Im März, April oder Mai legt er **4** bis **5** ovale gelblichweiße Eier. S. **Fig. 180.**

9. Der schwarze Storch.

Ciconia nigra. Bewohnt die großen, an Sümpfen, Lachen, Teichen und Wiesen reichen Wälder Nordteutschlands und macht sein Nest sehr hoch vom Boden auf Eichen, Buchen, Ulmen und Fichten, am liebsten in der Nähe von Flüssen, Sümpfen und Wiesen. Das Nest besteht unten aus dürren Reisern, dann folgen schwächere Reishölzer mit Schilf und Rohr vermengt, und hierauf kommt Erde, Stroh, dürre Grashalme, Haare, Borsten, Federn, und manchmal auch Mist. Er legt im Mai gewöhnlich 2 bis 4, selten 5 ovale grünlichweiße Eier. S. Fig. 181.

10. Der Kranich.

Grus communis. Nistet in großen, buschreichen Sümpfen und Brüchen in ganz Europa. Das Nest ist sehr kunstlos, auf einem Schilfbusch oder in hohem Grase angebracht, hat zur Unterlage dürre Reiser, trockne Halme und Blätter von Sumpfpflanzen, in welch' letzterm im Mai, selten früher, die 2 Eier liegen, die eine graugrüne Grundfarbe mit großen, oft deutlichen, oft verflossenen aschgrauen und graubraunen Flecken haben, welche am stumpfen Ende sehr zusammenhängen; oft sind noch am stumpfen Ende schwarze Punkte und Schnörkel angebracht. S. Fig. 179.

Zweite Familie. **Schnepfenartige Sumpfvögel.** (Scolopacinae.)

11. Die Doppelschnepfe.

Großer Brachvogel. **Numenius arquatus.** Lebt vorzüglich im nördlichen Europa, aber auch in ganz Teutschland, und nistet auf Hochmooren, sumpfigen Heiden und Wiesen. Das Nest ist eine Vertiefung auf dem Boden, gewöhnlich auf einem etwas erhöhten Punkte, und enthält im April oder Mai 4 bis 5 gelblich- oder bräunlich- olivgrüne Eier mit braungrauen und olivbraunen großen, nicht sehr zahlreichen und über das ganze Ei verbreiteten Flecken. S. Fig. 186.

12. Der Regenvogel.

Mittlerer Brachvogel. Numenius phaeopus. Er lebt nordöstlich von Teutschland, erscheint im Juli, oft schon im Juni auf und bei Rügen, nistet auf Bergwiesen am Meerstrande und in der Nähe süßer Gewässer. Das Nest besteht in einer Unterlage von Gras, Zweigen und Blättern, ist an einem Gras- oder Pflanzenbusche angebracht und enthält im Juni 4 olivgrüne oder braungrüne Eier mit braungrauen und schwarzbraunen Flecken und Schnörkeln; sie sind etwas kleiner und schlanker, als die Eier des vorigen. S. Fig. 187.

13. Die Waldschnepfe.

Scolopax rusticola. Ist fast über ganz Europa verbreitet und nistet in Laub- und Nadelwäldern und auf feuchten Wiesen. Das Nest ist eine Vertiefung des Bodens, welche mit einigen Reisern, Halmen und Blättern ausgelegt ist, sich besonders auf etwas feuchtem Moosboden findet und unter Büschen, Gras oder Heidekraut angebracht ist. Sie legt im April oder Mai 4 röthlichblasse graugelbe Eier mit grauen, hell- und dunkelbraunen, spärlich verbreiteten, gegen das stumpfe Ende meist kranzförmig zusammengestellten Flecken. S. Fig. 188.

14. Die große Sumpfschnepfe.

Becasse. Scolopax media. Lebt besonders im nördlichen Teutschland, seltner im mittlern und südlichen Europa, und nistet auf feuchten Wiesen und in Sümpfen zwischen

Gras, Schilf, Seggen oder Büschen. Das Nest ist eine etwas hochgelegene, mit Gras, Wurzeln und Blättern schwach ausgelegte Vertiefung. Sie legt im Mai oder Juni 4 blaßolivgrüne Eier mit grauen und braunen Flecken. Die Grundfarbe verwandelt sich in den Sammlungen in ein blasses trübes Ockergelb. S. Fig. 189.

15. Die Becassine.

Bruchschnepfe, Heerschnepfe, Himmelsziege. Scolopax Gallinago. Brütet in Mittelteutschland auf sumpfigen Ufern und Wiesen. Das Nest ist auf Schilf oder Graskufen, und enthält im Mai 4 bräunlich olivgrüne Eier mit braungrauen, roth- oder mattbraunen und einigen dunkleren Flecken, welche gegen das stumpfe Ende häufig größer und zusammenhängend sind. S. Fig. 190.

16. Die Haarschnepfe.

Moorschnepfe, kleine Wasserschnepfe. Scolopax gallinula. Sie bewohnt die nördlichen Sümpfe und Moräste, kommt besonders auf dem Herbstzuge nach Teutschland an die mit Riedgras bewachsenen feuchten Orte, überwintert einzeln in Teutschland, und legt 4 olivengelbgraue, dunkelgefleckte Eier, welche bedeutend kleiner, als die der vorigen sind.

17. Die Mittelschnepfe.

Scolopax major. Wird nur einzeln angetroffen, liebt Sümpfe, nasse Wiesen und mit Holz bewachsene Brüche; kommt schon im August einzeln in Teutschland an und zieht bald nachher weiter. Sie legt 4 olivengraue, braun= und graubraun gefleckte Eier.

18. Der schwarzschwänzige Sumpfläufer.

Scolopax limosa. Lebt im nördlichen Europa bis ins nördliche Teutschland, und nistet auf feuchten Wiesen zwischen Gras, Schilf oder Binsen. Das Nest ist eine mit einigen Halmen ausgelegte Dölle und enthält 3 bis 4 olivgrüne, gelblichgrau= oder grünbraune Eier mit einigen schmutziggrauen Flecken und vielen olivbraunen Punkten und Flecken, welche größtentheils nur am stumpfen Ende stehen und daselbst zusammenhängen. S. **Fig. 191.**

19. Der rostrothe Sumpfläufer.

Scolopax rufa. Er erscheint im Herbste an den Küsten der teutschen Ost= und Nordsee und stimmt in der Forrpflanzung mit dem vorigen überein, das Ei ist aber in der Regel gestreckter und hat über die ganze Fläche ausgebreitete graue und olivbraune, am stumpfen Ende zusammenhängende Flecken. S. **Fig. 192.**

20. Der Säbelschnabel.

Recurvirostra avocetta. Bewohnt die nordteutschen Seeküsten, namentlich die von Pommern. Er baut kein Nest, sondern legt im Juni seine 2 bis 3 Eier in eine Vertiefung des Bodens, auf Wiesen zwischen Gras. Die Eier sind graugelb, graugrün oder gelbbraun mit dunkel= oder braungrauen, wenigen rothbraunen, mehr schwarzbraunen Flecken, Düpfeln und Strichen, erstere sind theilweise verwaschen, gegen das stumpfe Ende gewöhnlich häufiger und hängen zum Theil zusammen. S. Fig. 202.

21. Der Strandreiter.

Himantopus rufipes. Bewohnt die Seeküsten und Ufer der grossen Gewässer des südöstlichen und südlichen Europa's und wird in Südteutschland an den Ufern der Donau angetroffen. Das Nest ist eine kleine Erhöhung auf sumpfigem Boden, auf welcher die kleine Vertiefung nur mit einigen Pflanzentheilen ausgelegt ist und 3 bis 4 schmutzig blaugrüne, mit grauen und rothbraunen Flecken gezeichnete Eier enthält. S. Fig. 201.

22. Die graue Wasserdrossel.

Der graue Lappenfuß. **Phalaropus hyperboreus.** Lebt in Island und Grönland, verirrt sich selten an die Küsten der teutschen Nord- und Ostsee. Die Vertiefung wird mit Gras und Moos ausgelegt und darauf aus feinen Halmen ein förmliches Nest gebaut, das man an Rainen, Erdhügelchen, Gras- oder Pflanzenbüschen findet. Legt im Juni 4 birnförmige Eier, welche stärker oder blässer olivgrün oder graubraun gefärbt und mit rost- und schwarzbraunen Flecken und Punkten von letzterer Farbe zahlreich bedeckt sind. Oft sind die Flecken auch graubraun, zu oberst roth- oder grünbraun. S. Fig. 200.

23. Der Strandläufer. (Tringa.)

a) Zwergstrandläufer, kleiner Schlammläufer, **Tringa pusilla.** Lebt im Sommer in Teutschland einzeln an den Ufern der Meere und Flüsse, kommt im Herbste schaarenweise aus den nordischen Ländern, um zu überwintern, und kehrt im Mai nach dem Norden zurück. Er legt 4 mattgelbe, aschfarben und braun gefleckte Eier.

b) Sandpfeifer, gemeiner Strandläufer. Tringa hypoleucos. Lebt in ganz Teutschland, besonders im nördlichen, und nistet an den Ufern der Flüsse, vorzüglich an deren Altwassern, welche bedecktes Terrain in der Nähe haben. Das Nest ist bald mehr, bald weniger weit vom Wasser entfernt, aber immer so angelegt, daß es bei einer Anschwellung des Wassers nicht leicht von demselben errreicht wird; es besteht nur in einer Vertiefung, welche aber an Orten gewählt ist, wo man sie nicht leicht findet, stets an einer Erhöhung von Erde oder einem Busche, mit der offenen Seite dem Wasser zugekehrt. Er legt im April oder Mai 3 bis 4 lebhaft oder trübe rost- oder röthlichgelbe Eier mit grauen, roth- und schwarzbraunen Zeichnungen, die meist sehr zahlreich sind und bald in kleinen Düpfeln, bald in Flecken bestehen, die entweder das ganze Ei gleichmäßig bedecken oder gegen das stumpfe Ende mehr angehäuft sind. S. Fig. 195.

c) Schwalbenschnepfe, punktirter Strandläufer. Tringa ochropus. Stimmt in Allem mit dem vorigen überein; aber die Grundfarbe der Eier ist olivgrün, ins Graue oder Gelbliche ziehend, darunter einzelne graue Flecken, darüber dunkle Punkte und schmutzigbraune Flecken, welche am stumpfen Ende gedrängt beisammen stehen.

d) Kampfhahn, Streitvogel. Tringa pugnax. Lebt in verschiedenen Gegenden Teutschlands, besonders aber in den nördlichen Küstenländern, in sumpfigen, baumleeren Gegenden, und nistet auf feuchten Wiesen oder im Sumpfe auf Hügelchen, Gras= oder Seggenkufen. Das Nest ist eine selbstverfertigte, mit wenigen Pflanzenhalmen ausgelegte Vertiefung, und enthält im Mai oder Juni 3 bis 4 bräunlich olivgelbe oder olivgrüne Eier, mit braungrauen, gelbbraunen und dunkelbraunen Flecken, Punkten und Strichen dicht bedeckt. S. Fig. 199.

e) Der teutsche Meeruferläufer. **Tringa littoralis.** Lebt ziemlich in ganz Europa in der Nähe süßer und salziger Gewässer und nistet auf feuchtem oder trocknem Wiesenboden, im Sumpfe, auf Seggenkufen u. dergl. Das Nest ist eine mit wenigen Halmen ausgelegte Vertiefung und enthält 4 blaßockergelbe, ins Grüne ziehende Eier, mit grauen, rostbraunen und schwarzbraunen größern Flecken und Punkten ziemlich gleichmäßig besetzt, seltner am stumpfen Ende kranzartig gezeichnet; sie sind kleiner als Kibitzeier. S. Fig. 193.

f) Der getüpfelte Walduferläufer oder Bruchwasserläufer. **Tringa glareola.** Lebt in ganz Teutschland in Brüchen und sumpfigen Gegenden, wenn sie kein Gebüsch, noch Bäume haben, in der Nähe des Wassers und oft von demselben eingeschlossen, und nistet stets auf seichten Stellen, besonders wo spärlicher Gras= oder Seggenwuchs herrscht. Das Nest ist eine kleine, mit einigen Halmen ausgelegte Vertiefung und enthält im April oder Mai 3 bis 4 trüb ockergelbe Eier mit violettgrauen roth= und dunkelbraunen Flecken, welche zwar denen an den Eiern des Sandpfeifers manchmal gleichen, aber doch dem Ei ein ganz anderes Ansehen geben. S. Fig. 194.

g) Der Seestrandläufer. **Tringa maritima.** Bewohnt Grönland und kommt äußerst selten an die teutsche

Küste, lebt zur Brütezeit im Innern der Länder, auf moorigen oder steinigen Stellen, in Thälern und auf Bergflächen in der Nähe süßer Gewässer. Das Nest ist eine kleine, mit einigen Pflanzentheilen ausgelegte Vertiefung und enthält 3 bis 4 Eier, welche größer als die des Alpenstrandläufers, ihnen übrigens sehr ähnlich sind. S. Fig. 196.

h) Der isländische Strandläufer. Tringa Islandicus. Er bewohnt Island, brütet wahrscheinlich auf den Bergebenen, kommt im August an die Küsten Teutschlands, besonders an die der Nordsee, selten an die Gewässer tief im Lande, und ist von der Fortpflanzung wenig bekannt. S. Fig. 197.

l) Der Alpenstrandläufer. Tringa variabilis. Bewohnt die schlammigen Stellen an den Küsten der teutschen Ost- und Nordsee, nistet gesellig an sumpfigen Orten, oft weit vom Meere entfernt, und kommt auf dem Herbstzuge auch an die stehenden Gewässer im Lande. Das Nest ist eine mit Gras, Pflanzenstengeln oder Wurzelfasern spärlich ausgelegte Dölle, und befindet sich auf einer erhöhten Stelle. Er legt 2 bis 4 große, schmutzig olivgelbe oder olivgrüne Eier, mit großen und kleinen dunkel olivbraunen oder rothbraunen Flecken und Punkten bald nur spärlich, bald reichlicher und am stumpfen Ende kranzförmig besetzt, in welchem Falle die Zeichnungen stets kleiner sind. S. Fig. 198.

24. Der Regenpfeifer.

Charadrius. Diese Vögel leben mehr an Meeresküsten, Wasserfällen und stark rauschenden Strömen, als auf Wiesen und feuchten Aeckern, und ziehen gegen den Winter in warme Länder.

a) Strandpfeifer, Seelerche, gemeiner Regenpfeifer. Charadrius hiaticula. Bewohnt die Küsten der Ostsee, besonders den Seestrand und die Ufer der Binnenwasser von Rügen. Brütet meist ganz frei in einer bloßen Vertiefung im Sande auf Bergen und Brachfeldern, mehr oder weniger vom Wasser entfernt. Legt im Juni 4 heller oder dunkler grau- oder bräunlichgelbe Eier, mit aschgrauen, roth- oder schwarzbraunen Flecken, Düpfeln und Schnörkeln, welche in der Regel am stumpfen Ende häufiger sind. S. Fig. 174.

b) Dummer Regenpfeifer, kleiner Brachvogel, Possenreißer. Charadrius morinellus. Er lebt in hohen Gebirgsgegenden des nördlichen Europa's auf öden Bergflächen mit spärlichem Pflanzenwuchs und kommt auf dem Herbstzuge durch Teutschland, wo er sich auf Brachäckern, Wiesen und in Weinbergen aufhält. Das Nest ist eine mit Moos ausgelegte Dölle. Er legt 3 bis 4 Eier, welche theils denen des Goldregenpfeifers bis auf die viel geringere Größe ähnlich, theils aber von gelbbrauner Grundfarbe und auf dieselbe Weise mit grauen, braunen und schwarzbraunen Flecken besetzt sind, welche stellenweise zusammenhängen. S. Fig. 173.

c) Goldregenpfeifer. Charadrius pluvialis. Besucht auf dem Zuge die Küsten der Ostsee und die Wiesen und Brachen des mittlern Teutschlands. Nistet auf Bergwiesen und legt im Juni in eine Vertiefung mit spärlicher Unterlage, an einem Grasbusch oder frei, 4 olivgrüne oder olivgelbe Eier mit vielen grauen und schwarzbraunen, größern und kleinern Flecken und Düpfeln, am häufigsten gegen das stumpfe Ende. S. Fig. 172.

d) Flußuferpfeifer. Charadrius fluviatilis. Lebt an den Ufern und Inseln der teutschen Flüsse auf Kies- oder Sandgras, wo er ohne alle Unterlage in eine bloße Vertiefung und oft ziemlich weit vom Wasser entfernt im Mai oder Juni 4 bräunlichweiße oder fleischfarbige Eier mit grauen, roth- und schwarzbraunen Flecken, Düpfeln und Schnörkeln legt. S. Fig. 175.

e) Seeregenpfeifer, weißlicher Uferpfeifer. Charadrius cantianus. Lebt auf den trocknen sandigen Inseln und an den Küsten der Ostsee, bei Holland, England, Frankreich und Teutschland. Macht sein Nest mit einer Unterlage von Grasblättern gewöhnlich auf spärlich bewachsenem Sandboden, entweder frei oder auf einem Grasbusche, und legt im Mai oder Juni 4 weißlich braungelbe Eier mit grauen, roth- und schwarzbraunen Flecken, Düpfeln und Schnörkeln. S. Fig. 176.

25. Der Kibitz.

Vanellus cristatus. Bewohnt die Lehden, Triften, Brachen, sumpfigen Wiesen und Teichufer des mittlern Teutschlands, besonders die Küstenländer. Zu seinem Neste, welches nur eine Vertiefung ist und selten eine Auskleidung hat, wählt er einen trocknen Hügel und Maulwurfshaufen im Grase, Schilfe oder in Binsen, und legt 4 birnförmige Eier, welche olivgrün, bald ins Gelbe, bald ins Braune ziehend, und mit schwarzbraunen Flecken, Düpfeln, oft auch Schnörkeln besetzt sind, welche mehr oder minder reichlich vorhanden, in den meisten Fällen jedoch häufiger gegen das stumpfe Ende stehen oder oft daselbst zusammenhängen. S. Fig. 177.

26. Der Austernfischer.

Kleines Wasserhuhn, See-Elster. Haematopus ostralegus. Er bewohnt die Küsten der Nordsee und nistet an den Ufern der Binnenseen, nicht weit vom Wasser entfernt, doch vor demselben geschützt. Das Nest ist eine selbst gescharrte und schlecht ausgelegte Dölle auf Wiesengrund, seltner im Sande. Er legt im Mai oder Juni 3 bis 4 Eier von braungelber, bräunlich grüngelber oder röthlich fleischfarbener Grundfarbe, überall zahlreich mit grauen und dunkelrothen, auch dunkelbraunen Flecken, Schnörkeln und Strichen bedeckt. S. Fig. 178.

Dritte Familie. **Hühnerartige Sumpfvögel, Rallen.** (Fulicariae, Ralloideae.)

27. Das Wasserhuhn.

Bläßhuhn. Fulica atra. Es bewohnt die schilfrohr- und binsenreichen Gewässer des mittlern Teutschlands. Das Nest ist immer schwimmend angebracht, entweder am Rande des Schilfes oder in demselben, und besteht aus trocknen und grünen Pflanzenstengeln, Schilfblättern, nach innen aus feinen Blättern, Grashalmen 2c. Legt Mitte Mai 8 bis 14 gelbbräunliche Eier mit violettgrauen und braunen Punkten. S. Fig. 209.

28. Das braune Wasserhuhn.

Grünfuß. Fulica chloropus. Mit Ausnahme des Nordens in ganz Europa. Das Nest wird in Schilf gebaut;

oft so, daß es schwimmt, und besteht aus trocknen und grünen Schilfblättern. Legt 2 Mal im Sommer 6 bis 10 röthlich-gelbe Eier mit violettgrauen, braunen und rothbraunen Punkten und Flecken. S. Fig. 208.

29. Das Sandhuhn.

Glareola torquata. Lebt im Sommer häufig an den Ufern der Flüsse und Seen, vom Rhein bis zum kaspischen Meere, und im Winter mehr südlich, bis in Ostindien, und nistet auf sandigen Weiden und Aeckern. Macht das schlecht aus Halmen und Wurzeln geflochtene Nest an einem Grasbusche oder einer Vorragung des Bodens, und legt 3 bis 5 schmutzigweiße oder blaßgrünliche Eier von der Größe unserer Staareier mit wenigen braunen, oft kaum bemerkbaren Flecken.

30. Die Hühnerralle.

Wasserhühnchen, gesprenkeltes Rohrhuhn. **Gallinula porzana.** Lebt einzeln an den gras- und schilfreichen Ufern der süßen Gewässer Teutschlands und nistet auf am Wasser stehenden Riedern und Wiesen. Das Nest steht entweder auf einem Binsenbusch, oder schwebend über dem Schlamm oder Wasser; wenn es schwebt, so gleicht es dem des Zwergrohrhuhns. Es legt 9 bis 12 längliche, graugelbe, oft ins Röthliche ziehende Eier mit grauen und braunen Punkten, Schnörkeln und Flecken. S. Fig. 205.

31. Das Zwergrohrhuhn.

Gallinula pusilla. Bewohnt einzeln die schilf-, rohr- und grasreichen Ufer der teutschen Teiche, Seen und Moräste, ist im südlichen Teutschland häufiger, als im nördlichen, und macht sein Nest an demselben Ort und auf dieselbe Weise, wie das folgende. Es legt 6 bis 10 lehmgelbe Eier mit vielen grauen, gelbbraunen, roth= und schwarzbraunen Flecken und vielen Punkten. S. Fig. 206.

32. Das kleinste Rohrhuhn.

Gallinula pygmaea. Lebt im südlichen und östlichen Europa und südlichen Teutschland. Das Nest ist entweder über dem Wasser, oder über sumpfigem Boden, gewöhnlich in Riedgräsern. Die Blätter eines Seggenbüschels werden mit den Spitzen nach innen eingeknickt, so daß das Nest wie ein Korb aussieht. Es legt 7 bis 8 olivengelbe Eier, mit oliv= braunen Flecken und Punkten dicht bestreut und mit einzelnen grauen Flecken untermengt. S. Fig. 207.

33. Der Wachtelkönig.

Wiesenralle, Schnerz, Wiesenknarrer. **Rallus crex.** Lebt und brütet in Riedern und auf den mit hohem Grase bewachsenen Wiesen Teutschlands. Das Nest steht in einer Vertiefung und ist mit trocknen Grashalmen, Blättern, Moos und feinen Wurzeln ausgekleidet. Er legt 6 bis 12 gelbweiße oder grünlichrothgelbe Eier mit hellern und dunklern rothbraunen Flecken, dazwischen auch graue Punkte. S. Fig. 204.

34. Die Wasserralle.

Rohrhühnchen. **Rallus aquaticus.** Bewohnt die schilf= und grasreichen sumpfigen Orte Teutschlands. Das Nest steht über dem Wasser, oft dicht am Rande eines Wassergrabens, und besteht aus trocknen Binsen, Blättern von Schilf und Grashalmen. Sie legt 6 bis 14 graulichrothgelbe Eier mit großen und kleinen grauen, braunen und rothbraunen, am stumpfen Ende zahlreichen Punkten. S. Fig. 203.

Achte Ordnung.

Wasservögel, Schwimmvögel.

(Natatores, Palmipedes.)

Die meisten Wasservögel leben auf den Meeren, Inseln und Klippen beider Erdpole und tragen in Gemeinschaft mit den im Meere lebenden Säugethieren viel zur Belebung der sonst so öden Polargegenden bei. Dort findet man sie in großen Schaaren, aber fast stets paarweise, selten vielehig. Selbst vom Lande entfernt lebende Wasservögel, die sich fast ihr ganzes Leben hindurch auf dem Meere aufhalten, bauen ihr Nest auf dem trocknen Lande, gewöhnlich an Ufern, Klippen oder auf dem Strande. Das Nest ist kunstlos und enthält weiße, grüne oder grün- und braungefleckte Eier.

Erste Familie. **Langflügler.** (Longipennes.)

1. Die Möve.

Larus. Die Möven bewohnen den Norden beider Welten, leben einzeln, paarweise oder in kleinen Gesellschaften, und legen in ein großes, am Meere stehendes Nest 2 bis 4 Eier.

a) Gemeine Möve. **Larus canus.** Lebt zur Brütezeit häufig an der pommerschen Küste, im Winter an dem Strande der Nordsee, und nistet in Gesellschaften von Tausenden auf Inseln, Dünen, Felsen und auf sumpfigem Boden. Die nahe beisammen stehenden Nester stehen auf kahlem oder bemoos'tem Boden, wo aber Pflanzenwuchs herrscht, auf Kufen oder Büschen, und bestehen aus verschiedenen Pflanzenstengeln und Pflanzenabfällen, mit Erde vermischt und mit einer ziemlichen Wölbung versehen. Sie legt im Mai oder Juni 2 bis 3 Eier, deren Färbung sehr wechselt und bald in Braun, bald in Grün besteht, und zwar in den verschiedensten Tönen, ins Olivgrüne, Blaugrüne, Ockergelbe, Rostfarbige und Bräunlichweiße ziehend; unten stehen graue, oben schwarzbraune Zeichnungen, welche oft höchst sparsam, oft aber reichlicher vorhanden und sehr mannichfaltig in Form, Größe und Stellung sind. Manchmal sind es lauter zarte Punkte, ein ander Mal Düpfel und Punkte, welche zum Theil gruppenweise beisammenstehen. An andern Eiern sind es lauter einzelne große Flecken, welche an manchen zusammenhängen und oft einen unregelmäßigen Kranz bilden. S. **Fig. 215.**

b) Zwergmöve. Larus minutus. Bewohnt den Nordosten der alten Welt, bis in die Nähe von Königsberg, erscheint sehr selten im mittlern Teutschland, oft häufig an der teutschen Küste der Nordsee, brütet an Seen und Morästen und legt 2 bis 3 Eier, welche denen der Lachmöve bis auf die geringere Größe ähnlich und denselben Abänderungen unterworfen sind. Das Nest besteht bloß in einer Dölle auf sandigem Boden.

c) Lachmöve, Alkenbok. Larus ridibundus. Sie bewohnt schaarenweise die teutschen Seen und Moräste, besonders solche, die mit Schilf und Gras eingefaßt sind, und brütet oft zu Hunderten und Tausenden beisammen, nirgends einzeln und selten an Flüssen. Die Nester stehen auf morastigem oder sumpfigem Boden sehr nahe beisammen und bestehen aus Rohr-, Gras- und Strohhalmen, welche auf einer niedergedrückten Schilfkufe oder einem Grasbusche angehäuft sind. Sie legt Anfangs Mai 2 bis 3 Eier, deren Zeichnung sehr verschieden ist und in hell- und dunkelbraunen Punkten, Strichen, Schnörkeln, Düpfeln oder Flecken besteht, welche bald zahlreich, bald sparsamer vorhanden sind. Die Grundfarbe ist ein mehr oder minder trübes Olivgrün; meist mit grauen Flecken unterlegt. Nie ist die Zeichnung kranzförmig. S. Fig. 217.

d) Seemöve oder Mantelmöve. Larus marinus. Sie hält sich in Teutschland und andern Gegenden des Festlandes nur einzeln in den Flußmündungen auf, nistet in kleinen Gesellschaften oder mit andern Seevögeln vermengt auf den bewachsenen Klippen und Felsen am Meere oder in dessen Nähe, wo sie stets die obersten Plätze behauptet und ein großes Nest aus See- und Uferpflanzen baut. Sie legt Ende Mai 2 bis 3 Eier, welche mit denen der Eismöve so sehr übereinstimmen, daß sie sich nur durch die Anwesenheit des Vogels von jenen unterscheiden lassen.

e) Dreizehige Möve. **Larus tridactylus.** Lebt im hohen Norden von Europa, wandert im Winter durch Teutschland, und nistet in großen Gesellschaften auf Felsenflächen und Vorsprüngen am Meere, wo Nest an Nest, aus vom Meere ausgeworfenem Tang und Seegras verfertigt, gereiht ist. Sie legt im Mai und Juni 2 bis 3 Eier, welche an Größe und manche auch in der Färbung den Eiern der gemeinen Möve gleichen, haben unten graue Flecken und eine bräunliche, gelbliche oder grünliche Grundfarbe, mit vielen hell- und dunkelbraunen Flecken, welche entweder das ganze Ei gleichmäßig bedecken oder gegen das stumpfe Ende kranzartig angehäuft sind. S. **Fig. 216.**

f) Eismöve. **Larus glacialis.** Bewohnt den Norden und kommt höchst selten an die teutschen Nordküsten. Nistet in kleinen Gesellschaften auf Scheeren und Felsen und baut ein großes Nest aus Land- und Meerpflanzen. Sie legt im Mai 2 bis 3 gelblich olivgrüne oder rostgelbe Eier mit grünem Schein, welcher aber bald verschwindet. Die Zeichnung besteht in mäßig großen grauen und schwarzbraunen Flecken und Düpfeln, welche gleichmäßig verbreitet und einen großen Theil vom Grunde freilassen. Oft ist die Zeichnung auch feiner und besteht aus lauter Düpfeln. S. **Fig. 210.**

g) Silbermöve. **Larus argentatus.** Sie brütet in zahlreichen Gesellschaften an den Küsten der Ost- und Nordsee bis zum Polarkreis. Das Nest steht meist auf Sandboden, wo nur spärlicher Pflanzenwuchs herrscht, und besteht entweder aus einer dichten Unterlage von Ufer- und Seegewächsen, welche kunstlos übereinander gelegt sind, oder in einer bloßen, nur spärlich ausgelegten Vertiefung des Bodens. Sie legt im Mai 2 bis 3, in Größe und Farbe überaus verschiedene Eier. Im Allgemeinen ist die Grundfarbe grünlich mit grauen und braunschwarzen Flecken. S. Fig. 212.

h) Weißschwingige Stoßmöve, Polarmöve. Larus leucopterus. Lebt in Grönland, kommt höchst selten im mittlern Europa und an der teutschen Nordküste vor, nistet gesellschaftlich auf schroffen Felsen und deren Vorsprüngen, welche vom Meere bespült werden; baut ein Nest und legt 2 bis 3 Eier, wie bei der Silbermöve gezeigt ist; die Eier sind aber in der Regel kleiner und weniger bauchig. S. Fig. 213.

i) Heringsmöve. Larus harengorum. Bewohnt im Sommer die nordöstlichen Küsten der alten Welt, besucht auf dem Zuge den Strand der teutschen Ost- und Nordsee, zuweilen sogar die Gewässer mitten in Teutschland, und kommt in der Fortpflanzung mit der Silbermöve überein. Sie legt 2 bis 3 olivgrüne oder röthlichbraun rostfarbene Eier mit grauen und rostbraunen oder braunschwarzen Flecken und Düpfeln. Die Eier sind bedeutend größer, als die der gemeinen Möve, stimmen aber mit den dunkler gefärbten Stücken dieser Gattung am meisten überein. S. Fig. 214.

2. Die gemeine Meerschwalbe.

Sterna hirundo. Sie nistet in einzelnen Paaren oder größern Gesellschaften auf flachen Inseln und sanft verlaufenden Ufern, besonders Kiesboden an den Seeküsten und Ufern der Seen und Flüsse Teutschlands, besonders der Elbe. Das Nest ist bloß eine napfförmige Vertiefung am Boden und enthält im Mai 2 bis 3, in Form, Größe und Zeichnung unendlich abweichende, blaß weißgelbe oder gelbbraune Eier mit violettgrauen, braunen oder rothbraunen und schwarzen Zeichnungen, welche scharf hervortreten, meist in rundlichen und länglichen, oft schief stehenden, bald gleichmäßig vertheilten, bald und meist zahlreicher am stumpfen Ende vorhandenen, manchmal kranzförmig und stellenweise zusammenhängenden Flecken und Punkten bestehen. S. Fig. 222.

3. Die schwarze Meerschwalbe.

Sterna fissipes. Lebt, den hohen Norden ausgenommen, in ganz Europa, und brütet in Gesellschaften von 40 bis 100 Paaren an nassen sumpfigen Ufern der Seen, Teiche und Sümpfe. Das Nest besteht aus einem unordentlichen Gelege von Halmen, Rohr, Pflanzenstengeln, Wurzeln ꝛc. und steht entweder auf dem Boden selbst oder auf der mit Pflanzen bedeckten Wasserfläche, stets aber so, daß es unten einen nassen Grund hat. Sie legt im Juni 2 bis 3 olivbraune, lederfarbene oder bräunlich grüne Eier, mit grauen, rothbraunen und schwärzlichen Flecken nach Art der Zwergseeschwalbe gezeichnet, aber stets viel dunkler. S. Fig. 225.

4. Die Raubseeschwalbe.

Sterna Caspia. Bewohnt das kaspische Meer, auch die Nord- und Ostsee, hält sich nur in manchen Jahren an der pommerschen Küste in einzelnen Paaren auf. Brütet in Gesellschaften, meist nahe am Wasser, und legt im Mai und Juni in eine Vertiefung in den Sand, an Steine oder Grasbüsche 2 stets blaß gefärbte, gelbliche oder blaugrüne Eier mit grauen, braunen und schwarzbraunen größern und kleinern, runden, länglichen, häufig schief stehenden Flecken, welche am stumpfen Ende oft kranzartig angehäuft sind. S. Fig. 218.

5. Die Lachseeschwalbe.

Englische Seeschwalbe. Sterna risoria. Lebt im östlichen und südöstlichen Europa, seltener in Teutschland, etwas häufiger an Schottland. Legt im Juni in einen Grasbusch oder in eine mit einigen Halmen ausgelegte Stelle im Sande 2 bis 3 Eier. Die Flecken stehen einzeln, sind scharf begrenzt und meist gleichmäßig vertheilt, seltner am stumpfen Ende kranzartig angehäuft und zusammenhängend; die untern grauen Flecken sind zum Theil verwaschen. S. Fig. 219.

6. Die weißliche Meerschwalbe.

Brandmeerschwalbe. Sterna cantiaca. Lebt in Europa an den Küsten und Inseln der Nordsee, wo sie in zahlreichen Gesellschaften am Meere auf den mit Sand oder spärlichem Graswuchs bedeckten Boden- und Felsenflächen brütet, auf welchen Nest an Nest gereiht ist. Die Nester bestehen in natürlichen oder künstlichen Vertiefungen und enthalten im Juni 2 bis 3 schmutzig weißgelbe, grünlichgelbe oder rostgelbe Eier, welche etwas kleiner, als die der Raubseeschwalbe sind. Unter der Grundfarbe stehen zum Theil verwaschene

Flecken sparsam zerstreut; über derselben rothbraune und braunschwarze Flecken mit kleinern Düpfeln vermischt; die Flecken sind oft nur klein, wie gespritzt, oder groß und rundlich, oft aber auch ausgebreitet und besonders am stumpfen Ende in verschiedenen Formen, manchmal kranzförmig verbunden; es giebt auch solche, welche nebst den untern grauen Flecken nur sparsam dunkel gespritzt und bekritzelt sind; bei noch andern besteht diese sparsame Zeichnung nur aus einem einzigen großen zusammenhängenden Flecken am stumpfen Ende. S. Fig. 220.

7. Die Dougall'sche Seeschwalbe.

Sterna Dougalli. Brütet an der schottischen und englischen, einzeln auch an der französischen und teutschen Küste, im Mai und Juni in dicht geschlossenen Gesellschaften, wählt zum Neste gewöhnlich einen niedergetretenen Grasbusch oder bloßen Sand, und legt 2 Eier, welche die größte Aehnlichkeit mit denen der Lachseeschwalbe haben. S. Fig. 221.

8. Die Küstenmeerschwalbe.

Sterna macroura. Lebt im Norden von Europa, an den Küsten der Nord- und Ostsee. Nistet in großen Gesellschaften und oft mit vielen andern Wasservögeln vermischt am Meere und an Landseen, auf den Inseln und Halbinseln, bald ganz nahe am Wasser, bald ziemlich weit von demselben entfernt, und legt im Mai und Juni auf sandigem, lieber auf Rasenboden in eine schon vorhandene oder selbst gescharrte Stelle 2 bis 3, in Form, Größe und Färbung sehr von einander abweichende, bald lange und dünne, bald kurze und bauchige, gleich abgerundete oder birnförmige Eier, welche sehr verschieden bräunlich, gelblich oder grünlich, oft sehr blaß und ins Weiße ziehend sind. Unter dieser Grundfarbe stehen graue, über derselben hell- und dunkelbraune Zeichnungen, welche in scharf begrenzten Flecken oder Punkten bestehen und bald sehr und entweder über das ganze Ei verbreitet oder gegen das stumpfe Ende mehr angehäuft sind, aber selten einen Kranz bilden; bald sind es nur einige runde Düpfel und Punkte; oft sind die Flecken völlig abgerundet; dann wieder in die Länge gezogen. S. Fig. 223.

9. Die Zwergseeschwalbe.

Sterna minuta. Lebt an der Ost- und Nordsee, in Teutschland an der Elbe und Mulde; nistet in kleinen Gesellschaften auf sandigem Boden der See- und Flußufer, Inseln und Seeküsten, und legt im Mai oder Juni auf den Sand oder Kies in eine Vertiefung, welche selten mit einigen Halmen ausgelegt ist, 3 bis 4 blaßgelbe oder ockergelbe auch grünlich und bräunlichgelbe und von wenigen grauen Flecken unterlegte Eier. Obenauf stehen zahlreichere, braune und schwarzbraune, einzelne oder zusammenhängende Flecken, welche am stumpfen Ende oft zahlreicher und kranzförmig gestellt sind. S. Fig. 224.

10. Die weißschwingige Wasserschwalbe.

Sterna leucoptera. Bewohnt die Seen und Buchten der südeuropäischen Länder und kommt nicht sehr selten auf den Schweizer Seen unter den schwarzen Wasserschwalben vor.

Sie brütet und hat um dieselbe Zeit Eier, wie die schwarze Meerschwalbe, die Eier sind aber stets etwas leichter gefärbt, und in der Regel kleiner gefleckt, wovon aber doch Ausnahmen vorkommen. S. Fig. 226.

Zweite Familie. **Pelikanartige Wasservögel.** (Steganopodes.)

Die Seevögel dieser Familie leben viel in der Luft und auf dem Wasser, und kommen erst dann an das Ufer, wenn sie schlafen oder nisten wollen.

11. Der Pelikan.

Kropfgans. Pelicanus onocrotalus. Lebt gesellig in den heißen und warmen Erdstrichen, kommt selten im Sommer nach Süddeutschland, und legt am liebsten auf einsamen Inseln in eine mit Gras ausgefutterte, nahe am Wasser befindliche Vertiefung 2 bis 4 weiße Eier.

Dritte Familie. **Gänseartige Wasservögel, Sägeschnäbler.** (Anserinae, Lamellirostres.)

Alle Vögel dieser Familie können gut schwimmen, tauchen, laufen und fliegen, und halten sich auf salzigem und süßem Wasser auf.

12. Der Schwan.

Anas olor. Bewohnt die Seen und großen Teiche Mitteldeutschlands; macht in der Nähe des Wassers ein Nest aus

Binsen, Schilf und Grasstengeln, belegt es im Innern mit Federn, die er sich aus der Brust rupft, und legt 5 bis 7 über 4 Zoll lange, graugrünliche, oder grünlichgrauweiße Eier, welche binnen 5 Wochen ausgebrütet werden.

13. Der Singschwan.

Anas cygnus. Bewohnt das nordöstliche Europa, lebt dort auf süßen stehenden Gewässern, kommt im Herbste schaarenweise auf die teutsche Ostsee, im Winter zuweilen auf die offenen Flüsse tief in Teutschland; baut ein großes Nest und legt 5 bis 7 gelbbraune, oder bräunlichgelbe Eier.

14. Die Gans.

Anser. Die Gänse bewohnen den Norden, halten sich in grasreichen stehenden Gewässern auf, wandern durch einen großen Theil von Europa und legen auf Inseln oder an den Ufern der Gewässer 5 bis 9 schmutzigweiße Eier.

a) Die wilde Gans. **Anser cinereus.** Bewohnt die großen schilf- und grasreichen stehenden Gewässer Nordteutschlands und Polens, kommt auch an der pommerschen Küste vor, und legt auf Inseln oder auf ein Nest im Schilfe 5 bis 8 schmutzigweiße, 3 Zoll lange Eier.

b) Die Saatgans. **Anser segetum.** Wohnt hoch im Norden, in gras- und binsenreichen Seen und Morästen, zieht gegen den Winter nach Südteutschland und andern wärmern Gegenden und legt 5 bis 8 schmutzigweiße Eier.

15. Die Taucherente, Hydrobates.

a) Eidergans, Eiderente. Hydrobates mollissimus. Bewohnt die dänischen Inseln, kommt im Herbst und Winter an die Küsten Dänemarks, einzeln an die nordteutschen und holländischen, baut in der Nähe des Meeres und legt 5 bis 6 graugrüne Eier. S. Fig. 227.

b) Fasanenente, weißköpfige Moorente. Hydrobates leucocephalus. Lebt auf den nordöstlichen salzigen Seen, wandert nach Ungarn und Oesterreich, selten in das östliche Teutschland, und legt 6 bis 8 grünlichweiße, stark 2 Zoll lange Eier.

c) Reiherente, Haubenente. Hydrobates fuligula. Kommt auf dem Zuge auf die Seen und Teiche Mittelteutschlands, brütet wahrscheinlich einzeln im nordöstlichen Teutschland, und legt 6 bis 8 graugrünliche, gegen 2 Zoll lange Eier.

d) Schopfente, Kolbenente. Hydrobates rufina. Bewohnt die östlichen Seen der alten Welt, wandert westlich und kommt dann auf die Schweizer Seen, selten nach Teutschland, und legt 5 bis 8 grüngraue Eier.

e) Quackente, Schellente. Hydrobates Clangula. Kommt im Herbste und Winter an die Küsten der teutschen Ost- und Nordsee, in strengen Wintern auch auf die offenen Gewässer mitten in Teutschland, nistet wie die gemeine Ente und legt 8 bis 16 grünlichweiße, stark 2 Zoll lange Eier.

f) Burgente, Warte, Bergmoorente. Hydrobates Marila. Bewohnt den Nordosten, kommt an die teutschen Küsten der Ost- und Nordsee und auch auf die teutschen

Landseen, und legt 12 bis 14 grünlichgraue, 2 Zoll 3 Linien lange Eier.

g) Weißäugige Ente. Hydrobates leucophthalmos. Bewohnt die mit Wasserkräutern bewachsenen Gewässer des Ostens bis nach Schlesien, zuweilen bis nach Mittelteutschland, und legt in einen röhrenartigen Gang im Ufer oder in Weidengebüsch 7 bis 9 grüngraue Eier.

16. Die Ente.

Anas. Die Enten bewohnen die stehenden Gewässer mit süßem Wasser, besonders solche, welche wenig Tiefe und viel Gras, Rohr oder Schilf haben, bauen an den Ufern der Gewässer ein tiefes Nest, das viele einfarbige Eier enthält und oben mit einem Kranze von Dunen belegt ist.

a) Brandente, Brandgans. Anas Tadorna. Lebt zahlreich an der Ost- und Nordsee, nistet an den Küsten in Erdlöcher, Kaninchenhöhlen, Felsspalten, in hohle Bäume und verlassene Krähennester, und legt 10 bis 16 weißlich gelbgrüne, über 2 Zoll lange Eier.

b) Spießente. Anas acuta. Bewohnt die mit Schilf, Gras oder Binsen bewachsenen stehenden süßen Gewässer Nordteutschlands, wandert durch Mittelteutschland, macht zwischen hohen Wassergewächsen auf trocknen Plätzen ein Nest aus Binsen und Schilf, im Innern mit Federn bekleidet, und legt 7 bis 10 schmutzig blaugrüne, 2 Zoll lange Eier.

c) Gemeine Ente, Stockente, wilde Ente, Moosente. Anas boschas. Lebt in ganz Europa, nistet nicht nur an den Ufern der Gewässer, sondern oft fern von denselben, zuweilen sogar in verlassenen Krähennestern, und legt 8 bis 14, stark 2 Zoll lange, blaß=trüb=blaugrüne Eier.

d) Pfeifente. Anas Penelope. Wohnt in Nord=europa, kommt im Winter in großen Zügen nach Teutschland und legt 8 bis 10 graulich gelbgrüne, 2 Zoll lange Eier.

e) Löffelente. Anas clypeata. Zieht im Frühjahre familienweise aus dem Süden nach Nordteutschland und den höhern nördlichen Gegenden, hält sich an schilfreichen, süßen Gewässern und Brüchen auf und verbirgt sich gern zwischen hohen Wasserpflanzen. Sie stellt ihr Nest auf trockene An=höhen in Schilf und hohes Gras, bekleidet es im Innern mit ausgerupften Flaumfedern, und legt 7 bis 14 kleine schmutzig gelblichweiße Eier.

f) Knäckente. Anas querquedula. Lebt und brütet im mittlern Teutschland, hält sich an den mit Schilf, Gras, Binsen und Gebüsch bewachsenen Ufern der süßen Gewässer auf, und legt an die Ufer oder auf feuchte Wiesen in das Gras 7 bis 12 längliche, gelblichweiße, 1 Zoll 8 Linien lange Eier.

g) Kriekente. Anas crecca. Zahlreich in Teutsch=land, an Flüssen und Seen, im Sommer zur Brütezeit paar=weise, gegen den Herbst familienweise und im Winter heerden=weise. Legt an die Ufer der Teiche, zuweilen auch in den den Gewässern nahen Fichtenwald, oft auf Wiesen 7 bis 12 gelb=lichweiße, nicht ganz 2 Zoll lange Eier.

h) Schnatterente. Anas strepera. Bewohnt die mit Schilf, Gras, Rohr und Binsen bewachsenen Gewässer des nördlichen Europa, einzeln die Teutschlands, und legt 7 bis 10 graugrüne, 2 Zoll lange Eier.

i) Winterente, Anas hiemalis. Bewohnt Island, kommt im Spätherbste häufig an die teutschen Küsten der Ost- und Nordsee, selten auf die tief im Lande liegenden Gewässer, und legt ins Gras oder hinter Schirmpflanzen 5 bis 7 grau-, blau- oder bräunlichgrüne, 2 Zoll lange Eier.

k) Tafelente. Anas ferina. Sie ist die gewöhnliche Tafelente auf den Seen und Teichen des mittlern Teutschlands, paart sich gegen Ende Aprils, und das Weibchen legt bis zur Mitte des Mai, meist auf einen Binsenbusch, 8 bis 14 weißlich graugrüne, 2 Zoll 2 Linien lange Eier.

l) Trauerente. Anas nigripes. Kommt aus dem Norden im Herbste an die teutschen Küsten der Nordsee, seltner auf die süßen Gewässer Teutschlands, und legt 8 bis 10 gelblichgrauweiße, 2 Zoll 5 Linien lange Eier.

17. Der Sägetaucher.

Mergus. Die Säger bewohnen die süßen Gewässer und Seeküsten des Nordens, selten die des gemäßigten Himmelsstriches, nisten gewöhnlich im langen Grase und Schilfe am Ufer der Seen und Flüsse, und legen viele denen der Enten ähnliche Eier, welche sie binnen 3 Wochen ausbrüten.

a) Der weiße Säger, Weißzopf, Seegänslein. Mergus albellus. Bewohnt das nordöstliche Europa, erscheint auf dem Zuge in manchen Wintern an den Küsten und auf den offenen Gewässern Teutschlands; macht sein kunstloses Nest in Gebüsche am Wasser, auf die Erde oder auf abgehauene Baumstämme, futtert das Innere desselben mit ausgerupften Flaumfedern aus und legt darin 8 bis 12 grauweiße, 1½ Zoll lange Eier.

b) Die Tauchente, der Meerrachen, die Sägeratzel. Mergus serrator. Bewohnt im Sommer die Gewässer der nördlichen Gegenden, aus denen er im Winter nach Teutschland, der Schweiz und Frankreich kommt. Er macht sein Nest aus Grashalmen am Ufer unter Strauchwerk, auch zwischen hohe Wasserpflanzen auf trocknen Anhöhen und legt 8 bis 12 gelbgraue, stark 2 Zoll lange Eier.

c) Tauchergans, Gänsesäger, Kneiffer. Mergus merganser. Er besucht im Herbste schaarenweise die teutschen Nordküsten, geht den Rhein und die Elbe hinauf, kommt im Winter auch auf andere Flüsse, nistet an Flußufern in Baum- und Felsenlöchern, auch im Gesträuche, und legt 8 bis 14 ziemlich gestreckte, schmutzig grüngraue, an 3 Zoll lange Eier.

Vierte Familie. **Kurzflügler, Schwimmvögel.** (Brevipennes, Pygopodes.)

Die meisten Vögel dieser Art sind Seevögel und leben in den kalten Erdstrichen, vorzüglich auf den nördlichen Polarmeeren, und nur in geringer Anzahl in den gemäßigten Gegenden.

18. Der Haubentaucher.

Steißfuß. Podiceps cristatus. Lebt und brütet auf den mit Schilf und Rohr zum Theil bewachsenen Seen und großen Teichen Mitteltеutschlands; macht das Nest, welches auf dem Wasser in einer Gras- oder Binsenkufe sitzt, aus einem Haufen verschiedener Wasserpflanzen, und legt im Mai

3 bis 4, zwei Zoll lange, grünlichweiße, bedeutend grau-, gelb- oder braungewölktue Eier.

19. Der Ohrensteißfuß.

Podiceps nigricollis. Bewohnt die mit Wasserkräutern bewachsenen Seen und Teiche des östlichen, selten die des mittlern Teutschlands. Das Nest ist am Ufer zwischen Pflanzenbüschen, wo es dem Bespülen des Wassers ausgesetzt ist. Er legt 4 bis 6 zwei Zoll lange, grünlichweiße Eier, welche nach der Bebrütung lebhafte gelbe Wolken erhalten; manchmal ist die Anlage auch rein schwefelgelb. S. Fig. 228.

20. Der kleine Steißfuß.

Podiceps minor. Brütet im ganzen gemäßigten Europa auf Seen und Teichen, macht das Nest aus einer dichten Lage von Grasstücken und Rohr auf einem Gras- oder Pflanzenbusche im Wasser oder in der unmittelbaren Nähe des Wassers, und legt im Mai 4 bis 6 grünlichweiße Eier, welche bebrütet mattbraun sind. S. Fig. 211.

Register.

9*

Zweite Familie. Eulen, nächtliche Raubvögel. (Raptatores nocturni.)

A. Ohreulen, Horneulen, gehörnte Eulen.

B. Kauze, glattköpfige Eulen.

Zweite Ordnung. Rabenartige Vögel.
(Coraceae, Corvinae.)

Erste Familie. Würger. (Lanii.)

Zweite Familie. Raben. (Coraces.)

Dritte Ordnung. Gangvögel, Singvögel.
(Passerinae, Ambulatores.)

Erste Familie. Sänger. (Canorae.)

Zweite Familie. Finkenartige Vögel. (Fringillaceae.)

Dritte Familie. Kuckucksartige Vögel.
(Cuculinae.)

Fünfte Ordnung. Scharrvögel. (Rasores.)

Erste Familie. Taubenartige Vögel.
(Columbinae.)

Zweite Familie. Hühnerartige Vögel.
(Gallinaceae.)

Sechste Ordnung. Laufvögel. (Cursores.)

Erste Familie. Trappenartige Vögel. (Alectorides.)

Siebente Ordnung. Watevögel, Sumpfvögel, Stelzenläufer. (Grallatores Amphibolae.)

Erste Familie. Reiherartige Vögel.

Zweite Familie. Schnepfenartige Sumpfvögel. (Scolopacinae.)

Dritte Familie. Hühnerartige Sumpfvögel, Rallen. (Fulicariae, Balloideae.)

Achte Ordnung. Wasservögel, Schwimmvögel. (Natatores, Palmipedes.)

Erste Familie. Langflügler. (Longipennes.)

Zweite Familie. Pelikanartige Wasservögel. (Steganopodes.)

Dritte Familie. Gänseartige Wasservögel, Sägeschnäbler. (Anserinae, Lamellirostres.)

Vierte Familie. Kurzflügler, Schwimmvögel. (Brevipennes, Pygopodes.)

Druck von Fr. Fritsch in Nordhausen.

Taf. I.

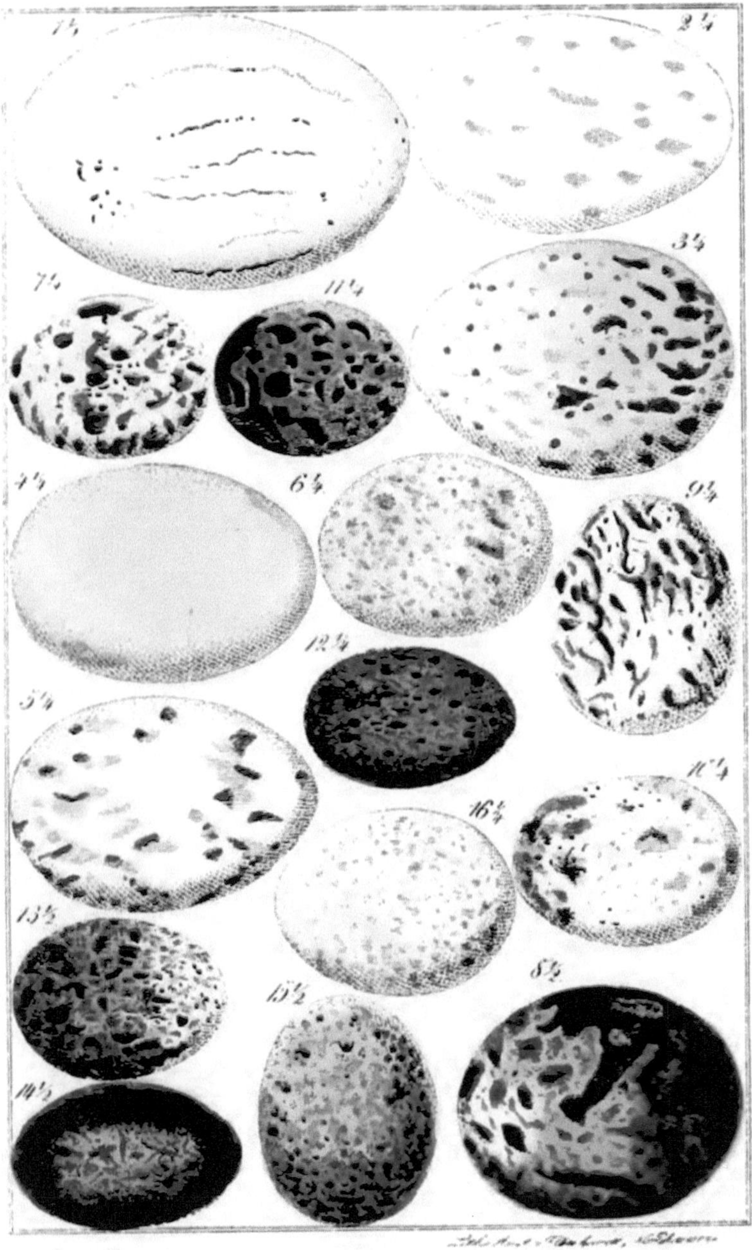

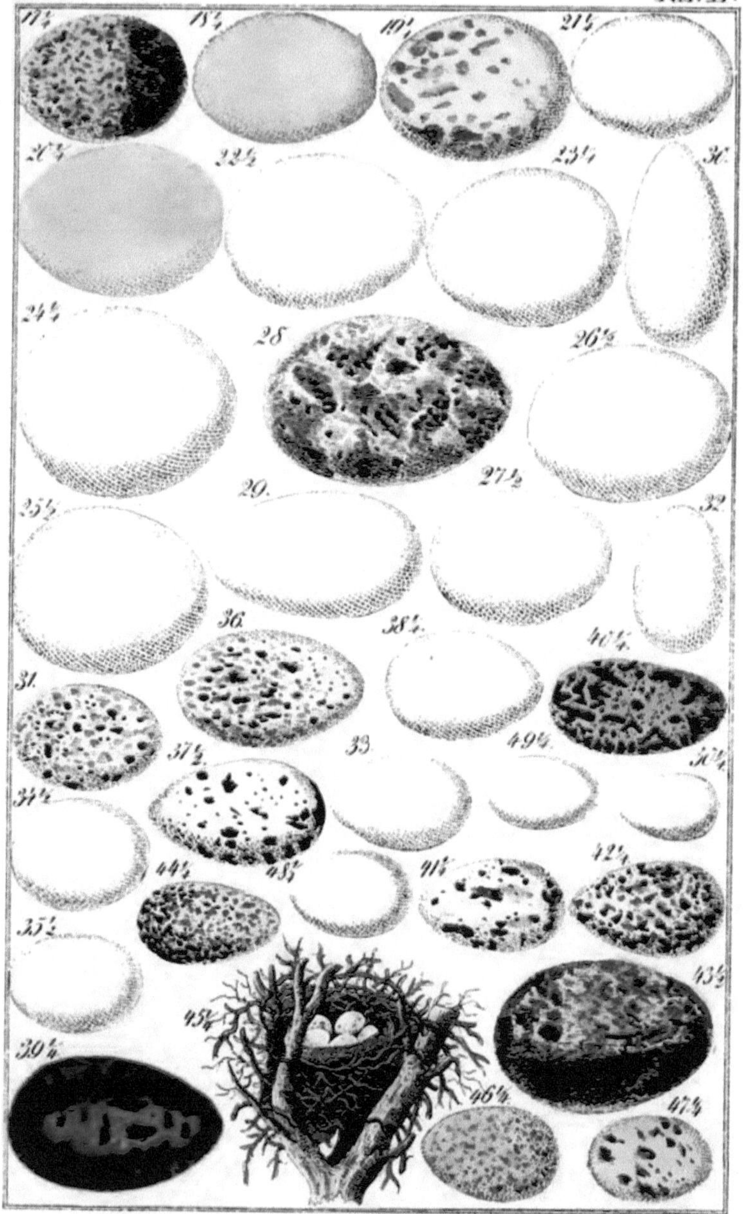

Lith. Anst. v. F. Eberhardt, Nordhausen

Taf. III.

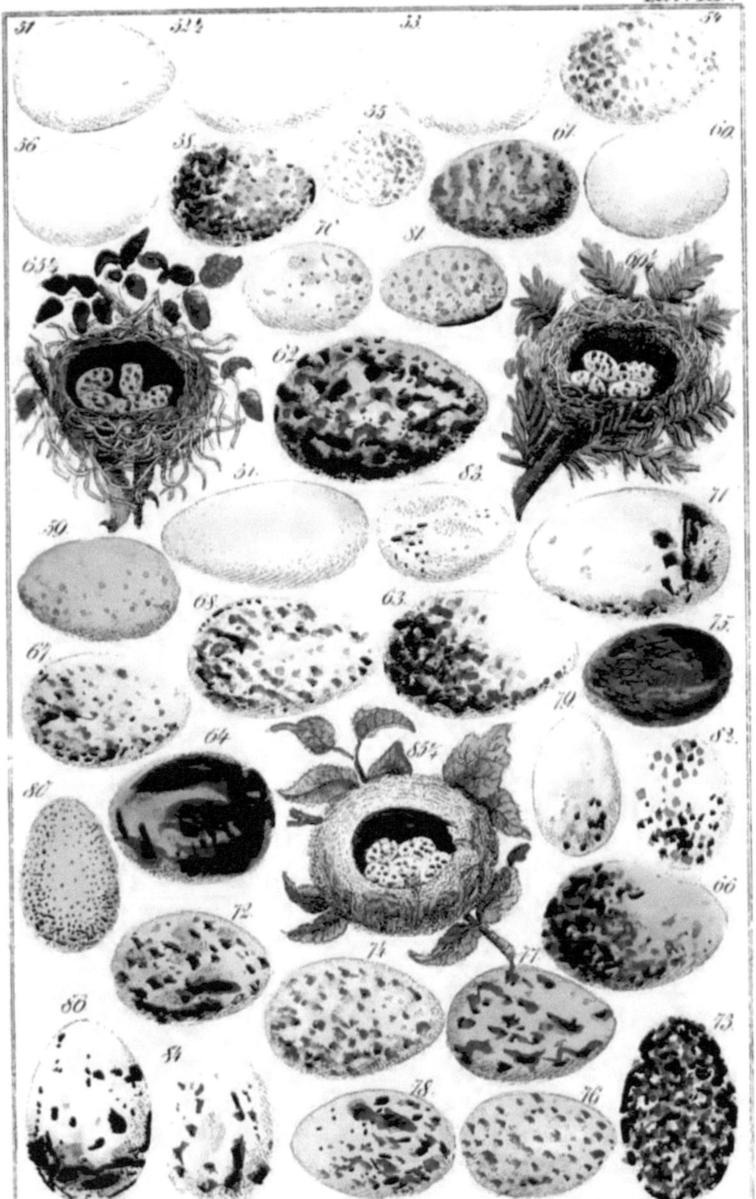

Taf. IV.

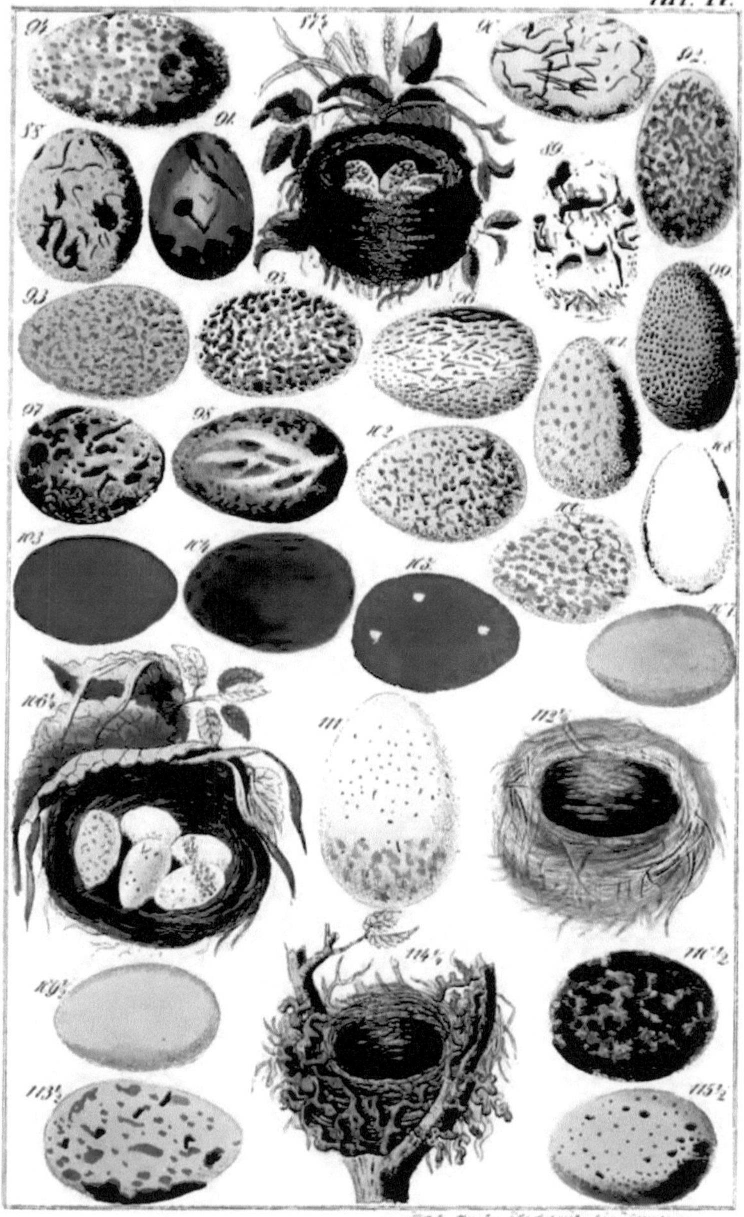

Taf. V.

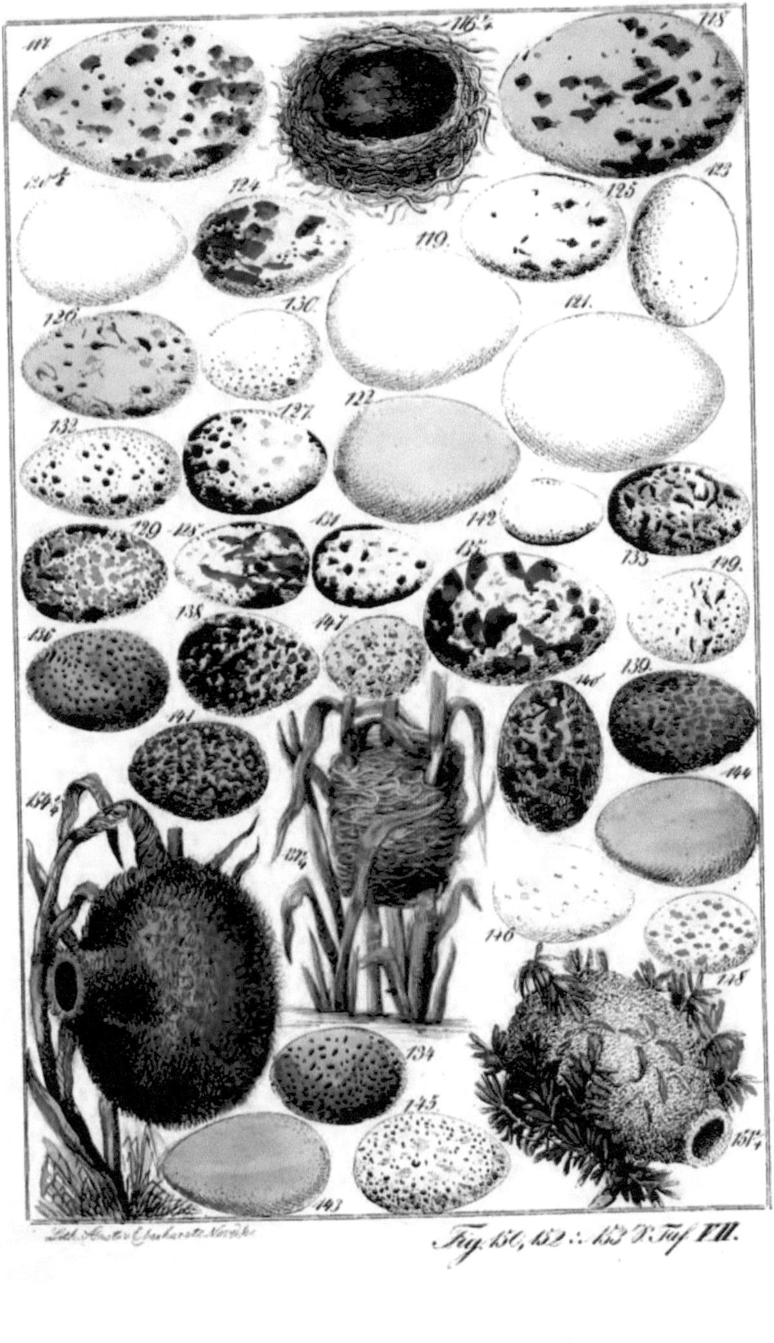

Lith. Anst. v. Eberhardt Norden

Fig. 150, 152 u. 153 v. Taf. VII.

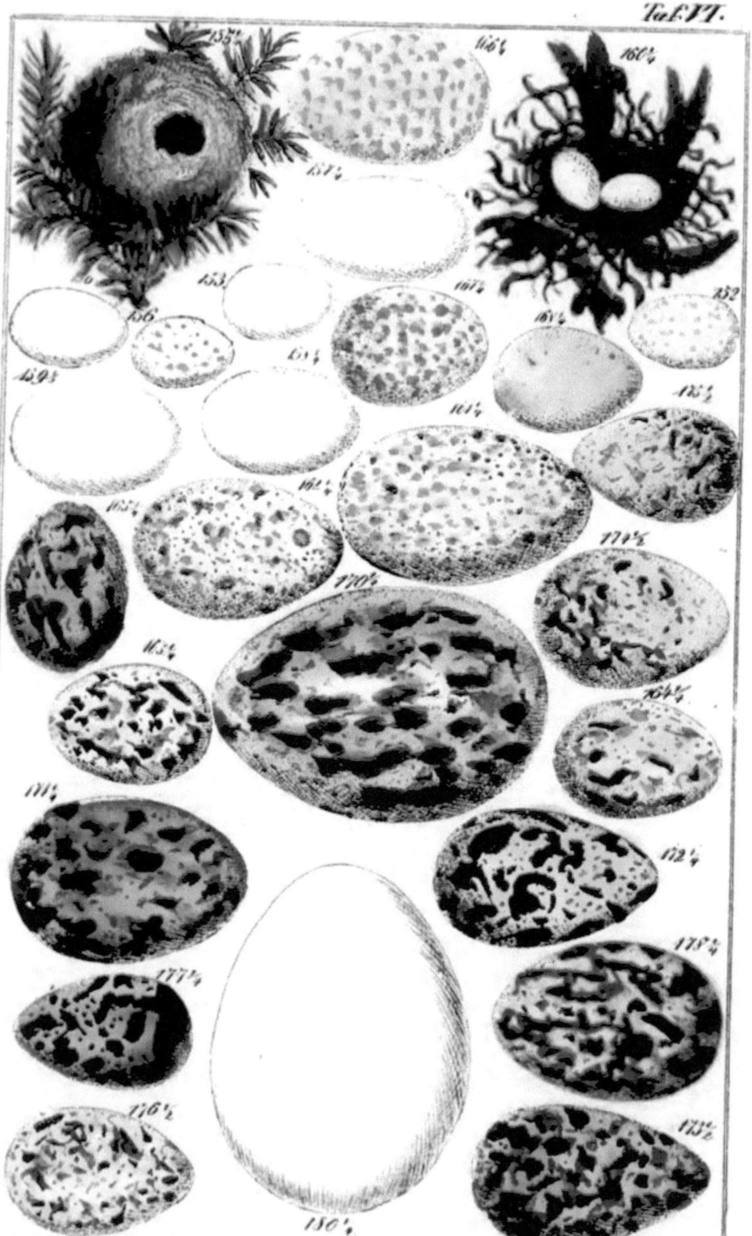

Fig. 169 z. 179 P. Taf. VII.

Taf. VII.

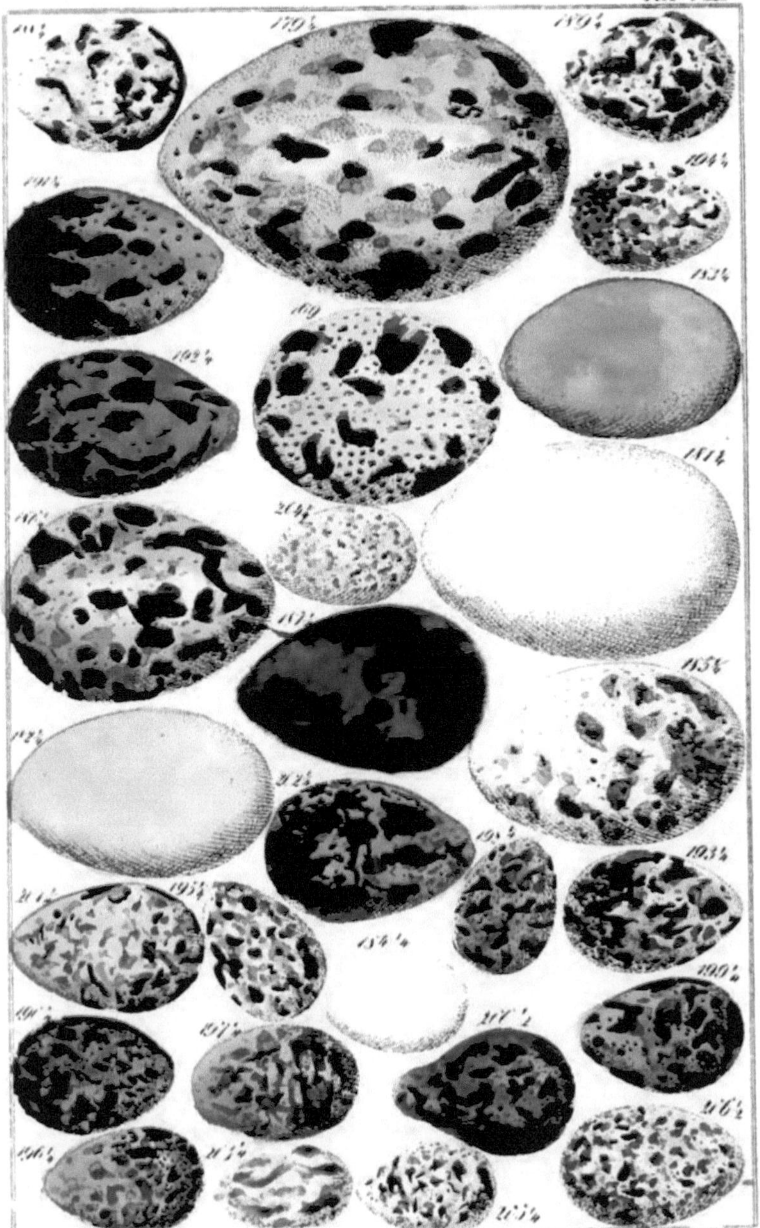

Lith. Anstalt v. Eberhardt, Nordhausen

Taf. VIII.

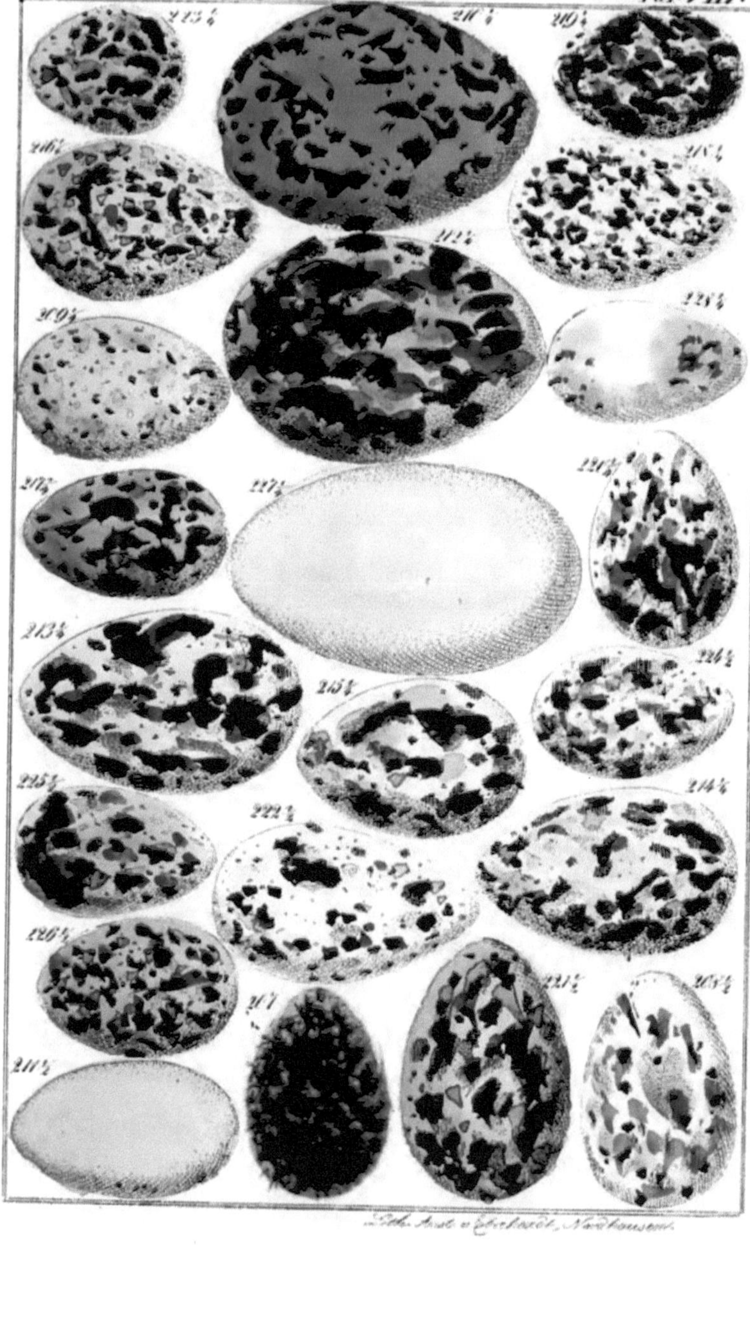

Lith. Anst. v. Eberhardt, Nordhausen.

www.ingramcontent.com/pod-product-compliance
Ingram Content Group UK Ltd.
Pitfield, Milton Keynes, MK11 3LW, UK
UKHW041535010626
12835UKWH00029B/335

9 783861 956501